PISTIS SOPHIA

LE LIVRE DE LA FIDÈLE SAGESSE

Traduction par

L'ABBÉ JEAN-PAUL MIGNE

PRÉFACE

On connaît sous ce titre, correspondant à celui de Pistis sophia, une production gnostique digne d'intérêt. Nous croyons devoir lui consacrer ici une certaine place que justifie son importance. Le Sauveur en est le principal personnage ; le livre se compose d'une série d'entretiens qu'il a avec ses disciples. Il n'est point hors de propos de ranger cet écrit à la suite des évangiles apocryphes. Il s'en écarte d'ailleurs complètement par le style et le genre des récits ; il n'est plus question de miracles opérés par Jésus, il ne s'agit plus d'événements empruntés au Nouveau Testament et plus ou moins défigurés ; tout roule sur les ténébreux mystères d'une théologie incompréhensible et d'une cosmogonie chimérique.

Le manuscrit de la Pistis Sophia existe au Musée britannique ; 318 pages, écrit en double colonne et en langue copte. Il provient des collections d'un médecin célèbre, le docteur Askew. D'après la forme des caractères, sa date peut être fixée au VIIe ou au VIIIe siècle de notre ère. Un orientaliste dont nous avons déjà parlé au sujet des écrits attribués à Salomon, Woide, donna à son égard une notice bien insuffisante (voir le Journal des Savants, 1773). Il pensait que cet ouvrage était le même que la Fidelis Sapientia, qui, au dire de Tertullien, avait Valentin pour auteur[1].

Un orientaliste des plus instruits, M. Edouard Dulaurier, profitant d'une mission scientifique dont il avait été chargé pour l'Angleterre, fit une copie de ce manuscrit ; il en dit quelques mots dans un rapport adressé au ministre de l'instruction publique et inséré au Moniteur (27 septembre 1838), et il est revenu sur le même sujet dans une note placée par M. Matter dans son Histoire du Gnosticisme (t. III, p. 368).

M. Dulaurier observe que tous les dogmes de Valentin, exposés par les auteurs contemporains, se trouvent enseignés dans ce livre. Sa cosmogonie, sa théorie des émanations et de la probole, y reçoivent les plus riches et les plus curieux développements.

Ce livre imite, dans sa contexture, la forme dramatique. Le Christ, après sa résurrection, passe douze années à converser avec ses disciples et à les instruire dans les mystères d'une science supérieure dont ses enseignements, pendant sa vie terrestre, n'auraient été qu'une imparfaite révélation. Les disciples et les saintes femmes paraissent tour à tour en scène, et proposent des questions à Jésus, qui les résout suivant les données gnostiques, de manière à leur donner un cours complet de cette doctrine. Ces questions embrassent la cosmogonie, la théorie des émanations, la nature et la hiérarchie des esprits et des génies, la discussion de l'origine du mal physique et moral. L'ouvrage se termine par le récit d'une cérémonie où figurent Jésus et ses disciples, et qui reproduit probablement l'une de celles du culte gnostique.

Plus tard, M. Dulaurier a reparlé de ce même ouvrage dans le Journal asiatique, 4e série, t. IX 1847, p. 534. Voici en quels termes il l'apprécie :

« Le système des émanations, la doctrine de la lumière, qui se rencontrent dans tourtes les cosmogonies, constituent le fond de ce livre. L'antagonisme entre la lumière et les ténèbres, si profondément marqué dans les croyances de la Perse ancienne, la dualité des principes opposés du bien et du mal que le manichéisme reflète, n'y apparaissent nullement.

« Dans des hauteurs dont l'œil ou la pensée ne peut sonder l'impénétrable abîme, réside le premier de tous les mystères, là fin de toutes les fins, le père de toute paternité, celui qui est lui-même son père, l'être que l'on n'adore que par le silence et l'extase, et duquel découle la grande lumière des lumières.

« La Fidèle sagesse, Sophia, ayant levé les yeux vers ces splendeurs infinies, brûla du désir de s'élancer jusqu'à elles ; mais les archons, jaloux et irrités de ce qu'elle avait conçu cette pensée ambitieuse, la précipitèrent dans les ténèbres. Égarée, éperdue dans ces régions désolées, elle implora la lumière, la suppliant de l'aider de sa volonté toute puissante à remonter dans le lieu d'où elle avait été bannie. Dans ses élans de regrets et d'amour pour cette clarté ineffable dont la vue lui a été ravie, elle lui adresse treize cantiques qui, pour le sens et l'intention dans laquelle ils sont récités cadrent avec un pareil nombre de psaumes de David choisis parmi ceux qui s'accordent le mieux avec sa situation.

« Un monument qui provient de la même source, quoique appartenant à un ordre d'idées différent, est le rituel gnostique du musée de Leyde, écrit en caractères égyptiens démotiques et publiés par Leemans. Plusieurs noms se rencontrent également dans l'un et dans l'autre de ces écrits. »

M. Dulaurier avait énoncé l'intention de publier une

traduction française du livre de la Fidèle sagesse, en y joignant une introduction détaillée, des notes et un glossaire. Nous regrettons que ce travail n'ait pas encore vu de jour ; il eût été, sous tous les rapports bien supérieur à celui que nous avons entrepris.

L'attention des savants s'était toutefois portée sur l'ouvrage dont nous parlons, et l'érudition allemande, fouillant toujours avec une infatigable persévérance les débris de la littérature antique, ne devait pas laisser échapper la Pistis Sophia. Un orientaliste enlevé par une mort prématurée, Maurice G. Schwartze, alla copier à Londres ce précieux manuscrit ; il essaya de le traduire en latin ; son travail a été publié en 1851, et forme un volume in-8° divisé en deux parties, l'une pour le texte copte, l'autre pour la traduction latine. En voici le titre : *Pistis Sophia. Opus gnosticum Valentino adjudicatum, e codice manuscripto coptico Londinensi., descripsit et latine vertit M. G. Schwartze ; edidit J.H. Petennann.Berolini, in Ferd. Duemmleri libraría, 1851, typis academicis.*

Voici en quels termes le Journal des Savants (1852, .p. 333), appréciait cette publication :

« M. Schwartze a laissé une copie et une traduction de la Pistis sophia. M. Petermann a publié ce travail posthume, qui laisse beaucoup à désirer. Des théories inintelligibles, un style bizarre, font de ce texte un des plus difficiles. La traduction de Schwartze n'était qu'une ébauche sur laquelle il se proposait de revenir. Il s'y trouvait beaucoup de blancs et d'endroits sur lesquels il avait hésité. M. Betermann a imprimé le manuscrit tel qu'il l'a trouvé. Il en résulte un texte sans introduction, presque sans notes, et une traduction souvent barbare. Woide et M. Dulaurier admettaient que cet ouvrage appartient à Valentin ; M. Petermann y voit l'oeuvre d'un Ophite, d'une époque beaucoup plus récente.

« Le cadre est un dialogue entre le Christ et ses disciples. Chacun des disciples provoque par ses questions le Christ à exposer les théories gnostiques. Le principal rôle, dans ces interrogations, appartient à Marie, transformée elle-même en éon. Le Christ raconte l'histoire de sa vie anté-mondaine et expose toute la théorie des éons, parmi lesquels Pistis sophia occupe la première place. Persécutée par les autres éons, elle s'abandonne à la tristesse et adresse à Dieu treize élégies imitées et en grande partie extraites des psaumes. La fin du livre est consacrée à l'explication des noms mystiques de la Divinité. »

M. Schwartze ne s'était pas borné à la Pistis sophia ; il s'était livré avec zèle à la recherche des manuscrits conservés dans les bibliothèques publiques et particulières de l'Angleterre, et il avait transcrit des vies et actes des saints, deux épîtres de saint Athanase, des fragments considérables d'une traduction de la Bible, en dialecte sahidique, une traduction du canon Apostolique, un traité des mystères des lettres grecques (nous en avons déjà parlé) ; il avait copié le livre de la Gnose, en dialecte sahidique, rapporté par Bruce, et qui est déposé a la bibliothèque publique d'Oxford[2].

M. Petermann convient que la révision du travail de M. Schwartze a présenté des difficultés sérieuses ; la tâche de cet érudit n'était pas encore achevée ; il avait laissé sans les rendre des passages qui l'avaient arrêté, et d'ailleurs la difficulté du sujet présente à l'interprète d'un pareil ouvrage d'indicibles tortures[3].

Cet érudit croit que l'ouvrage appartient à la secte des Ophites plutôt qu'à celle des Valentiniens ; c'est une question qu'il annonce vouloir discuter plus amplement[4].

Le système de traduction latine adopté par M. Schwartze est assez singulier ; une foule de notes grecques y sont mêlées et présentent ainsi une diction d'un genre extraordinaire. On en jugera d'ailleurs par les citations que nous donnerons. Le traducteur signale dans le texte qu'il étudie des amphibologies (p. 18 et passim), des mots supprimés dans le texte, qu'il faut rétablir ; des leçons douteuses ou fautives à rectifier (p. 32, 49, 50, 60, 82, 84, 92, 93, 100, 119, 121, 122, 127, 161, 172, I74, 175, 182, 186, 208, 218, 240) ; des mots omis (p. 51, 163, 170) ; des lacunes parfois de quelques lignes, parfois de plusieurs pages (159, 160, 236). Tout cela ne contribue pas médiocrement à augmenter les embarras que présente l'interprétation d'un pareil livre.

M. Petermann, dans ses notes, toujours fort brèves, se borne à faire de la critique verbale ; il discute les leçons du texte ; il rectifie les erreurs où M. Schwartze lui parait être tombé ; il n'aborde pas le domaine des idées et des choses, dont l'auteur de la Fidèle Sagesse fait le tableau. Exposons succinctement le sujet de ce livre.

Après sa résurrection, Jésus donne à ses disciples, qui n'avaient que des connaissances fort imparfaites, la révélation des mystères du ciel ; après avoir parlé de l'enfance de Jean-Baptiste, il raconte sa venue au milieu des éons, ses combats contre les esprits rebelles, les changements qu'il apporte dans le cours des astres. Il rencontre la Fidèle Sagesse, retenue dans le chaos, tourmentée par ses ennemis, voulant en vain s'élever vers les régions supérieures. La Sagesse s'adresse à la lumière, afin d'implorer son secours et de lui exposer ses peines ; elle récite plusieurs cantiques [5] ; à la suite de chacun d'eux, un des apôtres ou une des saintes femmes, récite un des psaumes de David ou un des prétendus hymnes de Salomon, dont le sens s'applique aux paroles qu'a prononcées la Sagesse. Le récit occupe une très grande partie de l'écrit dont nous parlons.

Les apôtres interrogent ensuite le Sauveur sur la conduite qu'ils doivent tenir à l'égard des hommes qui refuseront d'écouter leurs prédications : ils le questionnent sur les peines qui sont réservées aux pécheurs dans l'autre vie. Jésus expose à cet égard le tableau des divers genres de supplices qui doivent frapper les coupables selon le nombre des délits, tableau singulier, rempli de circonstances où se fait sentir l'influence orientale, et qu'on ne retrouverait pas ailleurs. Arrivent ensuite des détails sur le rôle que jouent les planètes ou les esprits qui les dirigent ; cette astrologic cst bizarre et presque inintelligible ; essayer de l'éclaircir serait une tentative aussi pénible que superflue.

On remarque, entre autres particularités dignes d'être mentionnées, le principe du millénarisme, mais étendu à une période bien autrement longue que dix siècles ordinaires.

Le lecteur distinguera aussi des opinions étranges et des vues obscures, au sujet de saint Jean-Baptiste[6] et de Melebisédech.

Parmi les noms des êtres étrangers à notre monde qu'énumère l'auteur de la Pistis Sophia, on remarque celui de Ialdabaotb, répandu chez les Valentiniens et surtout chez les Ophites ; son nom, emprunté à la Palestine, signifie fils des ténèbres ; il doit son existence à Sophia ; il reçut de sa mère l'impulsion de créer ; il répéta, dans sa sphère et suivant sa nature, l'œuvre créatrice du Dieu suprême. Il donna l'existence à un ange qui fut son image. Celui-ci en produisit un second, le second un troisième, le troisième un quatrième, le quatrième un cinquième, le cinquième un sixième. Tous les sept ils se réfléchissaient les uns les autres. Ils différaient néanmoins et habitaient sept régions distinctes (Matter, t. II, p. 140). Lcs noms des six génies émanés d'Ialdabaoth, empruntés aux idiomes de la Syrie, étaient Iaô, Sabaoth, Adonaï, Eloï, Oraüs, Astaphaüs.

Dans le livre qui nous occupe, nous ne trouvons que les deux premicrs de ces noms.

Selon les Ophites, Ialdabaoth, génie où la lumière

céleste était profondément altérée, acheva le schisme entre les intelligences pures et celles qui se trouvaient en rapport avec la matière. Afin de se rendre indépendant et de passer pour l'Être suprême, il eut l'idée de créer un monde à lui ; le principe pneumatique, le rayon de lumière qu'il tenait de sa mère, passa de lui dans l'homme. (Voir Bellermann, Versuch ueber die Gemmen der Alten mit dem Abraxas Bilde. III, 38-40.)

Pour que la Pistis Sophia ne soit pas une énigme indéchiffrable, il faut avoir une idée des théories gnostiques. Nous allons en offrir ici un aperçu nécessairement fort succinct [7].

L'émanation du sein de Dieu de tous les êtres spirituels, leur dégénération progressive et leur affaiblissement, leur rédemption: tel est l'élément constitutif du gnosticisme. Il admet une double série de manifestations et d'êtres qui se rattachent à une même cause première sans toutefois se ressembler ; les uns sont des déploiements immédiats de la plénitude de la vie divine, les autres sont des émanations d'un genre secondaire.

L'Être suprême, le chef de l'une et l'autre série est un abîme (bythos), un être parfait que nulle intelligence ne saurait comprendre ; après avoir passé des siècles dans le repos, il se manifeste par une première diathèse ou déploiement de ses perfections. Les intelligences auxquelles il donne ainsi l'existence, portent aussi le nom de déploiement ou de puissances (dynameis) ; elles ont aussi le nom d'éons (aiones).

Le nom de puissances se trouve dans les écrits de Philon pour désigner des esprits distincts de Dieu ; ils remplissent et pénètrent tout ; ce sont les idées de Platon hypostasiées.

Les éons participent de la nature de Dieu, le mot grec αἰῶν et αἰῶνες correspond au mot syrien Ithio, pluriel Ithie ; c'est chez les cabalistes juifs que cette théorie des incarnations reçut son développement scientifique ; les gnostiques s'en emparèrent, et l'étendant au gré de leur imagination, ils y trouvèrent le sujet de longs récits, aussi obscurs que singuliers.

L'un des principaux éons, la sagesse (Sophia) jouait un grand rôle dans le système de Bardesane et de Valentin. D'après le premier de ces chefs de secte, Sophia était la compagne de Christos, la fille de la compagne du père inconnu, mais elle était loin d'être aussi parfaite que sa mère et son frère. Elle était le fruit d'une émanation imparfaite, d'un faible rayon tombé de l'Être suprême sur la terre. Dans l'ordre intellectuel, c'était la compagne de Christos ; dans l'ordre physique, c'était l'âme du monde, ou la puissance divine qui avait passé de la pensée de Dieu, de l'Ennoia, dans l'ordre des choses matérielles. Elle avait plané sur la surface des eaux, elle avait créé le monde visible avec le secours des éléments, et elle avait pu entrer en rapport avec la matière parce qu'elle était d'une nature moins parfaite que Christos.

D'abord elle se plut à former ou à diriger la formation de la matière. Bientôt elle sentit son isolement ; elle commença par gémir sur sa situation ; elle adressa à Dieu ses prières, et cet amour pour le monde supérieur réveillé en elle, la conduisit sur la voie pour y rentrer. Mais il fallait s'en rendre digne, et cela surpassait ses forces. Son frère et son époux, Christos, qu'elle avait quitté, vint à son secours ; elle vit en lui la parfaite image de la lumière divine, elle l'anima de tout son être, et il la guida dans la marche de son épuration. (Matter, Hist. du gnosticisme, t.1, p. 378.)

Selon Valentin, Sophia était tombée dans le chaos ; elle planait sur les éléments de la création, l'eau et les matières, l'abîme et les ténèbres ; elle ne s'abîmait pas à cause du germe de lumière qui était en elle. Ne pouvant s'élever auprès de sa mère, si la pensée divine ne s'abaissait sur la matière, elle ne le transformait point, mais elle communiquait au chaos le mouvement ou cette âme du monde qui le met en vie et en action. De la masse qui l'enveloppait, elle forma en s'élevant, la voûte du ciel ; toutefois, malgré ses efforts, elle ne put d'abord rompre ses rapports avec la matière ; le sentiment du fardeau dont l'accablait son corps, lui fit voir son égarement. Elle eut le désir de s'en relever ; des efforts bien concertés la ramenèrent à son rang originaire. Elle n'avait jamais appartenu au plérôme ; elle n'y entra pas, mais elle parvint à une région moyenne, où elle reçut une lumière plus pure, où elle se dégagea entièrement de son corps. (Matter ibid., t. II, p. 139).

Quelques écoles gnostiques admettaient une seconde Sophia, fille de la première ou de Sophia Achamoth. Cette Sophia inférieure était une création imparfaite qui, ne pouvant s'élever avec sa mère dans le plérôme, se précipita dans le chaos et se confondit avec lui. Sa chute, ses égarements, son rétablissement furent une répétition un peu plus marquée des destinées de sa mère. Dans son état d'abaissement, la tristesse et les angoisses alternaient en elle avec le rire et les joies. Tantôt elle pressentait son anéantissement tantôt l'image de la lumière qu'elle avait quittée ravissait toutes ses facultés. Jésus vint enfin à son secours, l'instruisit, la délivra de ses maux, l'unit avec Dieu, et l'éleva au plérôme auquel elle tenait par sa mère. (Matter, t. II, p. 76.)

Il importe d'exposer rapidement ici quelles étaient, parmi les gnostiques, les opinions répandues au sujet de Jésus, opinions variant d'ailleurs parmi les diverses écoles.

Selon les Valentiniens, Christos était à distinguer de Jésus, Christos avait été engendré par Nous, la première manifestation des puissances de Dieu, le premier des éons, le commencement de toutes choses, le révélateur de la divinité ; Christos rétablit l'ordre et l'harmonie parmi les éons qu'avait momentanément égarés un esprit de désordre. Dans leur reconnaissance, ils résolurent de glorifier le Dieu suprême par une création qui réunit tout ce qu'il y avait de beau dans leur nature. Ce fut un éon, nommé Jésus, qui devait répandre dans toutes les créatures placées en dehors du plérôme les germes de vie divine qu'il renfermait en sa personne. Il fut pour le monde inférieur ce que Christos avait été pour le plérôme.

D'après les Ophites, le Sauveur céleste, descendant par les régions des sept anges, apparut dans chacune d'elles sous la forme de leurs chefs, cacha la sienne, assuma la lumière et entra dans l'homme Jésus au baptême du Jourdain.

Ialdabaoth, s'apercevant que son fils Jésus détruisait son empire et qu'il abolissait son culte, le livra à la haine des Juifs, et le fit crucifier par eux. Mais Christos et sa sœur le ranimèrent, et, laissant à la terre la dépouille matérielle de Jésus, ils lui donnèrent un corps aérien doué d'une lumière éblouissante. Jésus resta sur la terre dix-huit mois après sa résurrection ; il reçut par les soins de Sophia, cette science parfaite ou celte véritable Gnose, qu'il communiqua à ses apôtres. Élevé ensuite dans la région intermédiaire, Jésus siège à la droite du Créateur, pour recevoir les âmes de lumière qui se purifient par Christos.

De plus amples développements seraient superflus ; nous ajouterons seulement que, pour saisir le sens de quelques expressions employées par l'auteur de la Pistis Sophia et pour saisir certaines de ses idées, il faut se souvenir que les émanations procèdent par des syzygies composées chacune de deux intelligences d'un sexe différent, et que des décans ou doyens (δεκανοί), jouaient un rôle important dans le système de Bardesane, lequel joignait aux éons princes de la terre, aux sept esprits planétaires et aux génies des douze constellations du zodiaque, trente-six intelligences astrales, appelées décans. Constatons aussi que les gnostiques admettaient l'existence de plusieurs cieux, dont le nombre variait suivant les diverses écoles. A chacun de ces cieux présidaient autant de génies et d'archons. Chaque archon avait des classes de génies qui lui étaient subordonnées ; chacun avait engendré des satellites.

Ces sectaires affirmaient aussi que l'ordre actuel des choses cessera d'exister dès que le but de la rédemption sera pleinement accompli sur la terre ; alors le feu répandu dans le monde en jaillira de toutes parts ; il consumera jusqu'aux scories de la matière, dernier siège du mal, et les esprits arrivés à leur parfaite maturité, passeront dans le plérôme, pour y jouir d'un bonheur parfait.

Remarquons en finissant que M. Matter ne pouvait, dans son Histoire du gnosticisme, parler en parfaite connaissance de cause du livre de la Fidèle sagesse, qui n'avait point encore été publié ; d'après ce qu'il en connaissait, il ne pense pas toutefois que cette production émane de Valentin ou de son école ; les noms de Barbelo et d'Ialdabaoth n'appartiennent pas aux Valentiniens ; l'idée des douze sauveurs est également antivalentinienne (t. II, p. 41).

M. Matter pense avec raison, ce nous semble, que le livre de la Fidèle sagesse est l'œuvre d'un Gnostique des derniers temps, d'une époque où les débris des diverses sectes, près de s'éteindre, mêlaient leurs intérêts et leurs doctrines. Dans les siècles d'indépendance, aucune école n'avait réuni toutes les théories que l'on rencontre dans ce recueil ; on y trouve les opinions et la terminologie de presque toutes les sectes de la Gnose. Une circonstance curieuse, c'est qu'on y voit l'opinion que les âmes des apôtres étaient venues de douze sauveurs, tandis que celles des autres hommes tirent leur origine des archons, ce qui ne se rencontre dans aucune des grandes théories du gnosticisme (t. II, p. 350)

Le même savant ajoute : « Le texte copte n'est que la traduction d'un original écrit en grec, et n'est guère antérieur au IVe siècle de notre ère. Münter croit l'original du IIe siècle, et il appuie son jugement sur cette considération que l'ouvrage tout entier décèle une connaissance si intime des pures doctrines de la Bible, qu'il ne peut être que d'un homme élevé d'abord dans l'orthodoxie et ayant ensuite embrassé le gnosticisme. Mais saint lrénée rapporte que les Valentiniens ont eu un soin extrême à se conformer au langage des saintes Écritures, de sorte que cette considération n'a qu'une valeur douteuse. Il est difficile de rien préciser, soit sur l'époque de l'originale soit sur celle de la traduction, et l'on doit se borner à placer ces travaux entre la fin du IIe siècle et celle du Ve."

Nous sommes persuadés que, malgré tous nos efforts, nous avons souvent échoué dans nos tentatives pour rendre le sens des idées de l'auteur de la Pistis Sophia, idées que couvrent d'épaisses ténèbres, qui exposent des rêveries chimériques et qu'il serait bien superflu de vouloir ramener à un système définitif et arrêté. Nous avons pris le parti de transcrire parfois des passages que nous désespérions de faire passer en français. Le but qui nous a guidés dans cette tentative pénible et ingrate, a été de montrer ce qu'étaient les incompréhensibles et stériles aberrations où s'égaraient aux premiers siècles de l'ère chrétienne les penseurs qui s'écartaient des routes de la vérité. On peut comparer la Fidèle sagesse, ce livre sacré des gnostiques, avec les Évangiles canoniques, et l'on reconnaîtra toute la différence qui sépare de pareilles théories des doctrines sublimes et simples contenues dans les livres inspirés.

---

1. Valentin, fondateur de l'une des plus remarquables écoles du gnosticisme, naquit en Égypte ; il y enseigna longtemps, et, en l'an 140 de nôtre ère, il se rendit à Rome où il fut excommunié jusqu'à trois fois ; saint Irénée, Clément d'Alexandrie et Origène donnent, sur son système, des renseignements assez étendus. Cf. Cave, Script, eccles., t I, p. 60 ; Tillemont, Mémoires pour servir à l'Histoire de l'Eglise, t. Il, p.257 ; Fleury, Histoire ecclésiastique, liv. III ; Staudlin, Sittl. Lehre Jesu, t. Il, p, 471 ; Fabricîus Biblioth. graeca, t. VII, p. 179 ; Brucker, Hist. crit. philos., t. III, p. 29 ; Guerike, Kirchengeschichte t. I, p. 139 ; Neander, Genetische Entwicklung der Vornehmsten gnostischen Systeme, Berlin, 1818, p. 92-143. — Matter, Hist. du gnosticisme, t. Il, p. 36 (édit. de 1845.) Beausobre (Histoire du Manichéisme, I, 150) regarde les théories valentiniennes comme trop obscures pour qu'on ose entreprendre de les exposer.

Il existe deux dissertations spéciales, mais surannées et d'un faible secours : Hooper, De Valentinianorum hœresi, Londres, 1741, in4° ; Broddaeus, De haeresi Valentiana, à la suite de son Hist. phil, Hebrœor, p. 409.

Divers écrits de Valentin paraissent perdus aujourd'hui ; Clément d'Alexandrie, dans ses Stromates, cite des passages de deux de ses lettres, d'une de ses homélies et du Traité des amis.

2. Ce manuscrit se compose de soixante-seize feuillets in-4°, et se divise en.deux parties ; l'une est intitulée le Livre de la Γνῶσις, l'autre a pour titre le Livre du grand Logos selon les mystères. Il y est fort question de la théorie des émanations, si chère aux Gnostiques.

3. « Cum librum ab ipso descriptum translatumque inspicerem, primo oculorum obtutu putabam, mihii praeter vocabula dirimenda nonnisi correctoris quem dicunt partes agendas esse. Sed cum accuratius rem investigarem, animadverti, eum ipsum in locis haud paucis hesitasse, nonnulla in versione omisisse, aliaque licet non ita mulla sic vertisse, ut facile conjicerem, cum antequam librum in publicum emissurus fuisset iterum.iterumque illa perlecturum, novisque curis omnia subjecturum fuisse.... Confiteor me in multis adhuc dubium habere. Argumentum enim libri, quae est gnosticorum librorum natura, tam arduum. tamque abstrusum est, ut saepius mihi iterum omnia perlegenti vertigine quasi laborare viderer. »

4. Après avoir dit que l'ouvrage ne lui paraît nullement une composition de Valentin, ni même d'un de ses disciples, mais bien l'œuvre de quelque Ophite, il, ajoute : « Qua de re Deo volente mox in libello seorsum edendo fusius el accuratius disputabo. » Nous ne connaissons pas ce nouveau travail.

Quant à la secte des Ophites, consultez Tillemont, Mémoires, t. Il, p. 288 ; Guerike, Kirchengeschichte, t. I, p. 142 ; Neander, Genetische Entwicklung der vornehmsten gnostischen systeme, p. 276-315 ; Matter, Hist. du Gnosticisme, t. II, p. 127 et suiv.

Il existe deux monographies à cet égard : l'une de Seyffert :

Ophitarum mysteria detecta, Friburg, 1822, in-4° ; et l'autre de Fuldner, dissert. 2 De Ophitis, Rinteln, 1835-35, in-4°.

5. Un autre gnostique célèbre, Bardesane, avait également composé des hymnes dans lesquelles la Sagesse imitait le langage de David. Dans un de ces cantiques, Sophia s'écriait avec le Psalmiste : (Psal. xiii, 1) « Pourquoi, ô mon Dieu et mon roi! m'as-tu ainsi abandonnée ? » (MATTER, I, 377.)
6. Des gnostiques prétendaient que saint Jean-Baptiste avait été l'âme d'Elie dans un corps nouveau, et on a été jusqu'à prétendre que l'Evangile favorisait cette idée étrange. Citons ce que dit ce sujet M.Th. Henri Martin, dans un ouvrage remarquable, que nous avons déjà mentionné {La vie future, 1855, p.217). «Cette assertion repose sur plusieurs interprétations fausses qui ne peuvent résister à l'étude et à la comparaison des textes. Les prophète lsaïe (IL, 3) et Malachie (III, 1) avaient annoncé qu'à son premier avènement, le Messie aurait un précurseur dont ils n'avaient pas dit le nom. Malachie et Jésus, fils de Sirach (Eccli. XLIV, 6, et XLVIII, 9,10) en prédisant la conversion finale des Juifs et le jugement dernier, annoncent qu'au dernier avènement du Messie, ses deux précurseurs, l'un près des Juifs, l'autre près des nations» seront Elie et Enoch, renvoyés du ciel sur la terre. Saint Jean répète la même prédiction dans l'Apocalypse (xi, 5). Ainsi saint Jean-Baptiste, précurseur du premier avènement, n'était pas, à proprement parler, Elie, mais il était l'analogue et la figure d'Elie ; il était l'Elie du premier avènement. En effet, un ange avait annoncé à Zacharie que son fils Jean précéderait le Messie dans l'esprit et dans la vertu d'Elie {Luc. i, 17), et Jésus lui-même avait dit de saint Jean-Baptiste : « Si vous voulcz l'entendre ainsi, c'est lui qui est Elie qui devait venir. » (Matth. xi, 14.) Mais saint Jean-Baptiste, interrogé par les Juifs, avait répondu expressément qu'il n'était pas Elie. (Joan. i, 21.) Les Pharisiens, confondant mal à propos les deux avènements du Messie en un seul, pensaient qu'Elie reviendrait sur la terre avant que le Messie ne parût, »
7. Nous nous sommes servis, pour tracer cette esquisse, de l'Histoire du gnosticisme par M. Matter, et de l'article que ce savant a inséré dans le Dictionnaire des sciences philosophiques, 1815, t. II, p. 551-566.

LA FIDÈLE SAGESSE

Lorsque Jésus fut ressuscité d'entre les morts, il passa onze ans, parlant avec ses disciples et les enseignant jusques aux lieux non seulement des premiers préceptes et jusques aux lieux du premier mystère, de celui qui est dans l'intérieur des voiles, dans l'intérieur du premier précepte, qui est lui-même le vingt-quatrième mystère, mais aussi des choses qui sont au delà, qui sont dans la seconde place du second mystère, qui est avant tous les mystères ; le père de la similitude de la colombe, Jésus dit à ses disciples : « Je suis venu de ce premier mystère, qui est le même que le dernier mystère, qui est le vingt-quatrième. » Ses disciples ne connaissaient ni ne comprenaient ces choses, car aucun d'eux n'avait pénétré ce mystère, mais ils pensèrent que ce mystère était le sommet de l'univers et la tête de toutes les choses qui existent ; et ils pensèrent que c'était la fin de toutes les fins, car Jésus leur avait dit, au sujet de ce mystère, qu'il environne le premier précepte, et les cinq empreintes, et la grande lumière, et les cinq assistants, et également tout le trésor de la lumière.

Et Jésus n'avait pas encore annoncé à ses disciples toute l'émanation de toutes les régions du grand invisible, et des trois triples pouvoirs, et des vingt-quatre invisibles et de leurs régions, et de leurs éons, et de leurs rangs, le tout selon la manière dont émanent ceux qui sont les mêmes que les proboles[1] du grand invisible, et il ne leur avait pas dit leurs naissances et leurs créations, et leur vivification, et leurs archons, et leurs anges, et leurs archanges, et leurs décans, et leurs satellites, et toutes les maisons de leurs sphères ; Jésus n'avait pas dit à ses disciples toute l'émanation des proboles du trésor de la lumière ; il ne leur avait pas parlé de leurs sauveurs selon l'ordre de chacun d'eux et le mode de leur existence ; il ne leur avait pas parlé des régions des sauveurs jumeaux, qui est l'enfant de l'enfant, et il ne leur avait pas dit le lieu des trois amen qui sont dispersés dans l'espace ; il ne leur avait pas dit en quel lieu émanent les cinq arbres, ni les sept amen qui sont les mêmes que les sept voix, ni quelle est leur région selon le mode de leur émanation ; Jésus n'avait pas dit non plus à ses disciples quelles sont les régions des cinq assistants ou en quelle région ils sont ; il ne leur avait pas parlé des cinq empreintes, ni du premier précepte et en quel lieu elles sont ; il avait seulement, en parlant avec ses disciples, révélé l'existence de ces êtres, mais il ne leur avait pas expliqué leur émanation et le rang de leur région ; ils ne savaient donc pas qu'il y avait d'autres régions dans l'intérieur de ce mystère, et il n'avait pas dit à ses disciples de quel lieu il était sorti jusqu'à ce qu'il entrât dans ce mystère, jusqu'à ce qu'il en fût émané, mais il leur avait dit en les enseignant: « Je suis venu de ce mystère. » C'est pourquoi ils pensaient, au sujet de ce mystère, que c'était la fin de toutes les fins, et que c'était le sommet de l'univers, et que c'était le plérôme entier. Et Jésus dit à ses disciples: « Ce mystère environne toutes les choses que je vous ai dites depuis le jour où je suis venu vers vous jusqu'au jour d'aujourd'hui. » C'est pourquoi les disciples ne pensaient pas qu'il y eût quelque chose dans l'intérieur de ce mystère.

Il advint que les disciples étant assis ensemble sur le mont des Oliviers, dirent ces paroles et se livrant à une grande allégresse, se réjouissaient et se disaient mutuellement: « nous sommes plus heureux que tous les hommes qui sont sur la terre parce que le Sauveur nous a révélé toutes ces choses et que nous avons reçu toute élévation et toute perfection. » Et, tandis qu'ils parlaient ainsi, Jésus était assis un peu à l'écart. Et il arriva que le quinzième jour de la lune du mois de tobé qui était le jour où la lune était pleine, ce même jour, le soleil s'étant levé dans sa marche ordinaire, il parut ce jour-là une grande force de lumière, jetant un éclat incomparable, et nulle espèce de lumière n'en approchait. Car elle sortait de la lumière des lumières, et elle vint sur Jésus et l'enveloppa tout entier. Il était un peu éloigné de ses disciples et il brillait d'un éclat incomparable.

Les disciples ne voyaient pas Jésus à cause de la grande lumière qui l'entourait, car leurs yeux étaient aveuglés par l'éclat de cette lumière. Ils apercevaient seulement la lumière qui lançait de grands jets de lumière. Ces jets n'étaient pas égaux entre eux, et la lumière n'était pas partout égale, et elle se dirigeait en diverses directions, depuis la partie inférieure jusqu'à la partie supérieure, et la splendeur de cette lumière atteignait depuis la terre jusqu'aux cieux. Et les disciples, en voyant cette lumière, furent dans un grand trouble et dans un grand effroi. Et il advint qu'une grande splendeur lumineuse vint sur Jésus et l'enveloppa peu à peu. Alors Jésus fut élevé au-dessus de la terre, et il plana, et s'envola, resplendissant d'une clarté immense. Et les disciples le regardèrent jusqu'à ce qu'il fût monté au ciel, aucun d'eux ne prenant la parole, mais ils étaient tous dans un grand silence. Et ces choses se passèrent le quinzième jour de la lune, le jour où se termine le mois de tobé[2].

Et il arriva que lorsque Jésus fut monté dans le ciel après la troisième heure, toutes les forces des cieux se troublèrent et s'agitèrent entre elles, et tous les éons, et toutes les régions et tous leurs ordres, et la terre entière fut agitée, ainsi que tous ses habitants. Et tous les hommes furent troublés ainsi que les disciples, et ils pensaient qu'il était possible que le monde fût au moment d'être détruit. Et toutes les forces qui étaient dans le ciel ne cessèrent point d'être troublées, et elles s'agitèrent entre elles, depuis la troisième heure du quinzième jour de la lune de tobé jusqu'à la neuvième heure du jour suivant. Et tous les anges, et les archanges, et toutes les puissances des régions supérieures chantaient des hymnes, de sorte que le monde entier entendait leur voix qui ne cessa point jusqu'à la neuvième heure du jour suivant. Mais les disciples étaient assis ensemble, épouvantés et livrés au trouble le plus extrême. Ils s'effrayaient du grand mouvement qui avait lieu, et ils pleuraient ensemble disant: Qui est-ce qui arrivera ? Est-ce que le Sauveur détruira toutes les régions ? Et en parlant ainsi ils versaient ensemble des larmes, et la neuvième heure du jour suivant, les cieux s'ouvrirent et ils virent Jésus qui descendait, resplendissant d'un éclat extraordinaire. Et cette lumière n'était pas égale, mais il y en avait de diverses façons, et elle se divisait en des lumières infinies, plus éblouissantes les unes que les autres. Il y en avait de trois espèces qui brillaient d'une manière différente, la seconde qui était au milieu l'emportait sur la première, et la troisième était supérieure aux deux autres. Et la première lueur était semblable à la lumière qui était venue envelopper Jésus avant qu'il montât aux cieux.

Et il advint que lorsque les disciples virent cela, ils furent grandement troublés et saisis d'effroi. Et Jésus miséricordieux et doux, voyant ses disciples extrêmement troublés, leur parla, disant: « Rassurez-vous, c'est moi, ne craignez point. » Et lorsque les disciples entendirent ces paroles, ils dirent: « Seigneur, si tu retires à toi cette lumière éblouissante, nous pourrons rester ici ; sinon, nos yeux resteront aveuglés, et nous sommes troublés, et le monde entier est aussi troublé à cause de la grande lumière qui t'environne » ; alors Jésus retira en lui la splendeur de sa lumière, et les disciples rassurés vinrent vers Jésus, et se prosternant à la fois devant lui, ils l'adorèrent, disant: « Maître, où as-tu été, et à quelle fonction as-tu été appelé ? et d'où viennent tous ces troubles et toutes ces perturbations qui ont lieu ? » Et Jésus, plein de miséricorde, leur dit : « Réjouissez-vous et soyez dans l'allégresse, depuis l'heure où je suis venu aux lieux d'où je suis sorti, car dès ce moment, je vous parlerai en toute clarté depuis le commencement de la vérité jusqu'à la fin, et je vous parlerai face à face sans parabole. Je ne vous cacherai rien, dès cette heure, à l'égard des choses qui appartiennent aux régions supérieures et à l'égard de celles qui appartiennent aux régions de la vérité. Car l'autorité m'a été donnée par l'Ineffable et par le premier mystère de tous les mystères par qui je vous parle depuis le commencement jusqu'à l'accomplissement et depuis les choses intérieures jusqu'aux extérieures et depuis les choses extérieures jusqu'aux intérieures. Écoutez donc afin que je vous dise toutes ces choses.

« Il advint que j'étais assis à quelque distance de vous dans le jardin des Olives, méditant sur l'ordre de la mission pour laquelle j'avais été envoyé, car elle était accomplie, et le dernier mystère, qui est le même que le vingt-quatrième mystère depuis les choses intérieures jusqu'aux extérieures, ne m'avait pas encore envoyé un vêtement (*vestimentum*, ἔνδυμα), et ces choses sont dans la seconde place du premier mystère dans l'ordre de ses places.

« Il advint que lorsque je comprenais que le but de mon ministère pour lequel j'étais venu était accompli, et que le mystère ne m'avait pas encore envoyé mon vêtement, le temps n'étant pas accompli, et lorsque je méditais sur ces choses, assis dans le jardin des Oliviers, à quelque distance de vous, le soleil se levant aux lieux où l'a placé le premier mystère par lequel il a été créé, voici que d'après l'ordre du premier mystère, mon vêtement de la lumière me fut envoyé, celui qui m'avait été donné depuis le commencement, et que j'ai mis dans le dernier mystère qui est le vingt-quatrième mystère depuis ceux qui sont dans le rang de la seconde place du premier mystère, et c'est ce vêtement que je mis dans le dernier mystère jusqu'à ce que le temps fut accompli où je devais commencer à parler avec la race humaine et à leur révéler toutes choses depuis le commencement de la vérité jusqu'à sa fin, en parlant depuis les intérieurs des intérieurs jusqu'aux extérieurs des extérieurs ; réjouissez-vous donc et soyez pleins d'allégresse, parce qu'il vous a été donné que je vous parle depuis le commencement de la vérité jusqu'à sa fin. Je vous ai choisis dès le commencement par le premier mystère. Réjouissez-vous, car, descendant dans le monde, j'ai, depuis le commencement, conduit avec moi douze forces selon la manière que je vous ai dite dès le commencement. Je les ai prises des douze sauveurs du trésor de la lumière suivant le commandement du premier mystère ; je les ai jetées dans le sein de nos mères, en venant dans le monde, et ce sont celles qui sont aujourd'hui dans notre corps. Ces forces m'ont été données au-dessus de tout le monde, car vous devez sauver le monde entier, pour que vous puissiez souffrir les menaces des chefs du monde, et les peines du monde, et ses périls, et ses persécutions.

« Je vous ai dit bien des fois que la force qui a été mise en vous, je l'avais tirée des douze sauveurs qui sont dans le trésor de la lumière. C'est pourquoi je vous ai dit dès le commencement que vous n'étiez pas de ce monde, et moi je n'en suis pas. Tous les hommes qui sont dans le monde, ont pris des âmes des archons des éons. Mais la force qui est en vous vient de moi, car votre âme appartient aux régions supérieures. J'ai amené les douze sauveurs du trésor de la lumière que j'ai prise d'une portion de ma force que j'ai prise la première. Et lorsque je suis venu en entrant dans le monde, je suis venu au milieu des archons des sphères, semblable à Gabriel, l'ange des éons, et les archons des éons ne m'ont pas connu, mais ils pensaient que j'étais l'ange Gabriel.

« Il advint que lorsque je fus venu au milieu des chefs des éons, je regardai d'en haut le monde des hommes suivant le commandement du premier mystère, et je trouvai Élisabeth, mère de Jean-Baptiste avant qu'elle l'eût conçu. Je mis en elle la force que j'avais reçue du petit Jaô, le bon qui est dans le milieu, afin qu'il pût prêcher avant moi, et qu'il préparât ma voie, et qu'il baptisât de l'eau de la rémission des péchés[3].

Et cette force est dans le corps de Jean. Et au lieu d'un archon destiné à la recevoir, je trouvai l'âme d'Élie le prophète dans la sphère des éons, et je le pris, et je reçus son âme, et je la conduisis à la vierge, fille de la lumière, et celle-ci la donna à ses héritiers qui la conduisirent dans la sphère des archons et la placèrent dans le sein d'Élisabeth. La force du petit Jaô, de celui qui est au milieu, et l'âme d'Élie le prophète, ont été liées dans le corps de Jean-Baptiste. C'est pourquoi vous avez douté au temps que je vous ai dit: Jean dit: Je ne suis pas le Christ, et vous me dites: il est écrit dans l'Écriture, que si le Christ vient, Élie viendra avant lui et lui préparera la voie. Mais lorsque vous m'avez parlé ainsi, je vous ai répondu: Élie est véritablement venu et il a préparé toutes choses selon la manière qui a été écrite, et ils lui ont fait ce qu'ils ont voulu. Et comme je connaissais que vous ne compreniez pas ce que je vous ai dit de l'âme d'Élie liée en Jean-Baptiste, je vous ai répondu dans un discours en parabole, vous parlant face à face, si vous voulez comprendre Jean-Baptiste et cet Élie dont je vous ai annoncé la venue. »

Et Jésus continuant de parler, dit : « Il advint ensuite que, suivant le commandement du premier mystère, je regardai d'en haut le monde des hommes, je trouvai Marie qui est appelée ma mère selon la chair, je lui parlai sous la figure de Gabriel, et lorsqu'elle se fut élevée vers moi, je mis en elle la première force que je reçus de Barbelon, c'est-à-dire le corps qui venait des régions supérieures. Et au lieu de l'âme, je mis en elle la force que je reçus du grand Sabaoth, le bon qui est dans la division de droite, et les douze forces des douze sauveurs du trésor de la lumière que je reçus des douze diacres qui sont dans le milieu, je la portai dans la sphère des archons. Et les décans des archons et de leurs satellites pensaient que c'était les âmes des archons, et ils la portèrent aux satellites, et je les liai dans les corps de vos mères. Et lorsque votre temps fut accompli, elles vous enfantèrent dans le monde, [4] nulle âme des archons n'existant en vous. »

Lorsque Jésus eut dit ces choses à ses disciples sur le mont des Olives, il continua de parler et il dit: « Réjouissez-vous, et que la joie se place sur votre joie, parce que les temps sont accomplis où je revêtirai mon vêtement qui m'a été préparé dès le commencement et que j'ai mis dans le dernier mystère jusqu'au temps de sa perfection. Mais son temps n'était pas accompli, le temps prescrit par le premier mystère, pour que je vous parle depuis le commencement de la vérité jusqu'à sa fin, et depuis les intérieurs des intérieurs, parce que le monde doit être sauvé par vous. Réjouissez-vous donc et soyez dans la joie, car vous êtes heureux au-dessus de tous les hommes sur la terre puisque vous devez sauver le monde entier. »

Et lorsque Jésus eut fini de dire ces paroles à ses disciples, il dit: « voici que je reçus mon vêtement, et toute science m'est donnée pour le premier mystère. Encore un peu de temps et je vous dirai tout mystère et tout pleurôme et je ne vous cacherai rien depuis cette heure, mais dans la perfection je vous instruirai de toute perfection et de tous les mystères qui sont eux-mêmes la fin de toutes les fins et le pleurôme de tous les pleurômes et la gnose de toutes les gnoses qui sont dans mon vêtement ; je vous dirai tous les mystères depuis l'intérieur des intérieurs jusqu'à l'extérieur des extérieurs ; écoutez donc, et que je vous dise toutes les choses qui me sont arrivées.

« Il advint que lorsque le soleil se leva dans les lieux de l'Orient, une grande puissance de lumière descendit, dans laquelle était mon vêtement que je mis dans le vingt-quatrième mystère comme je vous l'ai déjà dit. Et je trouvai le mystère dans mon vêtement écrit dans les cinq paroles supérieures et qui sont: Zama, zama ézza rachama ézai, dont l'explication est celle-ci: le mystère, qui est en dehors du monde et qui est cause que l'univers entier ait été fait, c'est toute l'agression et toute l'élévation ; il projette toutes les émanations et ce qui est en elles toutes. Je suis venu vers nous (veni ad nos) pour que nous nous associons à toi, mais nous étions tous avec toi. Nous sommes un et identique, et tu es un et identique. C'est le premier mystère qui a été fait depuis le commencement et qui est ineffable avant l'émanation, et nous sommes tous son nom.

« Maintenant, nous vivons donc tous ainsi pour toi dans la dernière limite qui est la même que le dernier mystère depuis l'intérieur.

« Nous t'avons envoyé ton vêtement qui est le tien

depuis le commencement que tu l'as placé dans la dernière limite, jusqu'à ce que son temps soit accompli suivant le commandement du premier mystère. Et, son temps étant accompli, je te le donnerai. Viens à nous, parce que nous sommes tous en toi, pour que nous te revêtions du premier mystère et de toute sa gloire, suivant l'ordre de celui qui nous a donné le premier mystère, car tu es notre prédécesseur et tu as été fait avant nous. Hâte-toi, revêts ces vêtements ; viens à nous, car nous avons besoin de toi, afin que nous te revêtions de ce vêtement jusqu'à ce que le temps déterminé par l'Ineffable soit accompli. Ce temps est déjà accompli. Viens donc promptement vers nous afin que nous t'en revêtions jusqu'à ce que tu accomplisses tout le ministère de la perfection du premier mystère déterminée par l'Ineffable. Viens à nous et laisse le monde. Viens donc ; tu recevras aussitôt toute ta gloire qui est la gloire du premier mystère.

« Et lorsque je vis le mystère de toutes ces paroles dans le vêtement qu'il m'avait envoyé, je m'en revêtis à cette heure, et je devins une lumière immense, et je volai dans les régions supérieures, et je vins aux portes du firmament étant devenu une lumière incomparable. Et toutes les portes du firmament s'émurent et s'ouvrirent.

« Ayant quitté ce lieu, je montai dans la première sphère, et je brillai d'une lumière des plus immenses, quarante fois neuf fois plus grande que celle dont je rayonnais dans le firmament, et, lorsque je vins aux portes de la première, toutes ses portes s'émurent et s'ouvrirent à la fois et d'elles-mêmes. J'entrai dans le séjour des sphères, jetant une lumière immense, et tous les archons furent dans un grand trouble, et s'agitant tous dans cette sphère, ils virent la grande lumière qui m'appartenait. Et regardant mon vêtement, ils virent en lui le mystère de son nom, et leur trouble augmenta. Et ils furent dans une grande épouvante, disant: « Est-ce que le Seigneur de l'univers nous a changés à notre insu ? » Et tous leurs liens furent brisés, ainsi que leurs rangs. Et chacun s'arrêta en son rang, se prosternant tous à la fois devant moi et devant mon vêtement, ils m'adorèrent, et ils chantèrent tous des hymnes de l'intérieur des intérieurs, éprouvant une grande crainte et une grande perturbation. Et, quittant ce lieu, je vins aux portes de la seconde sphère qui est l'Heimarméné[5], et toutes ses portes s'émurent et s'ouvrirent d'elles-mêmes.

Et j'entrai dans le séjour de l'Heimarméné entouré d'une lumière immense, et il n'y avait nulle espèce de lumière qui ne fût en moi. Et la lumière était quarante fois neuf fois plus grande dans l'Heimarméné que dans la sphère. Et tous les archons qui sont dans cette sphère se troublèrent et ils tombèrent les uns sur les autres, saisis d'une grande épouvante en voyant la lumière qui m'appartenait. Et, regardant mon vêtement, ils virent, dans mon vêtement, le mystère de son nom, et de plus en plus troublés, ils furent saisis de crainte, disant entre eux : « Comment le Seigneur nous a-t-il changés, sans que nous le sachions ? » Et les liens de leurs liens et de leurs rangs et de leurs séjours furent brisés, et chacun s'arrêta en son rang. Et tous se prosternant devant moi et devant mon vêtement, ils m'adorèrent. Et tous chantèrent une hymne depuis l'intérieur des intérieurs, étant saisis d'une grande crainte et d'un grand trouble. Et, laissant ce lieu et montant vers les grands archons des éons, je vins à leurs voiles et à leurs portes, montrant une lumière immense, et il n'y avait nulle espèce de lumière qui ne fût en moi. Et il advint que lorsque je parvins aux douze éons, leurs voiles et leurs portes furent grandement troublés, et leurs voiles se replièrent d'eux-mêmes, et leurs portes s'ouvrirent à la fois, et j'entrai vers les éons, brillant d'une lumière immense, à laquelle nul genre de lumière n'était étranger, et cette lumière était quarante fois neuf fois plus grande dans l'Heimarméné. Et leurs anges, et leurs éons, et leurs archanges, et leurs archons, et leurs dieux, et leurs seigneurs, et leurs forces, et leurs étincelles, et leurs ancêtres, et leurs triples pouvoirs me virent, moi qui étais la lumière immense et auquel nulle espèce de lumière n'était étrangère. Et ils furent extrêmement troublés. Et une grande frayeur s'empara d'eux lorsqu'ils virent la lumière éblouissante qui était à moi. Et leur trouble et leur crainte parvinrent jusqu'aux régions du grand Maître des cieux et jusqu'à celles des trois grands triples pouvoirs. Et à cause de leur grande frayeur, le grand Maître et les trois triples pouvoirs ne cessèrent de courir de çà et de là dans leurs régions, et ils ne purent fermer leurs régions à cause de la grande frayeur qu'ils éprouvaient, et ils réunirent tous leurs éons et toutes leurs sphères, et tous leurs sujets, troublés et effrayés à l'extrême à cause de la grande lumière qui était en moi, bien différente de celle qui m'appartenait lorsque j'étais sur la terre des hommes, lorsque le vêtement resplendissant était venu sur moi. Car il ne pouvait souffrir la lumière, comme elle est dans sa vérité, autrement le monde se dissoudrait ainsi que toutes les choses qu'il contient. Mais la lumière qui était en moi, chez les douze éons, est huit fois mille fois et sept fois cent fois plus grande que celle qui fut avec moi dans le monde avec vous.

« Il advint que tous ceux qui étaient chez les douze éons furent dans le plus grand trouble, lorsqu'ils virent la grande lumière qui était en moi ; ils coururent çà et là dans leurs régions, et tous les éons furent troublés, et tous les cieux et tous leurs mondes à cause de l'épouvante qu'ils éprouvaient, parce qu'ils ne connaissaient pas le mystère qui était accompli. Et Adamas, le grand tyran, et tous les tyrans qui sont chez tous les éons, commencèrent à combattre en vain contre la lumière. Et ils ne purent pas voir qui ils combattaient, parce qu'ils ne voyaient rien qu'une lumière très éclatante. Et il advint que lorsqu'ils combattaient contre la lumière, ils succombèrent tous et, tombant sans force, ils devinrent comme les habitants de la terre quand ils sont morts, et qu'en eux il n'y a plus de souffle. Et j'enlevai la troisième partie de la force d'eux tous, afin qu'ils ne persistassent pas dans leurs mauvaises pratiques, et pour que si les hommes, qui sont dans le monde, les invoquaient dans leurs mystères que les anges pécheurs ont révélés et qui sont la magie, afin donc que si les hommes les invoquaient dans leurs mauvaises pratiques, ils ne pussent les accomplir.

« Et je changeai les heimarménés et les sphères qui sont leurs souveraines, et je les rendis pendant six mois tournées vers la gauche et accomplissant leurs influences, et pendant six mois tournées vers la droite et accomplissant leurs influences d'après le commandement du premier précepte, et d'après le commandement du premier mystère. Jaô, le gardien de la lumière, les avait placés regardant à gauche en tout temps, et accomplissant leurs influences et leurs fonctions. Et il advint que lorsque j'arrivai à leurs régions, ils furent indociles à la lumière et en hostilité avec elle. C'est pourquoi je leur enlevai la troisième partie de leur force, afin qu'ils ne pussent accomplir leurs mauvaises pratiques, et je changeai les heimarménés et les sphères, les plaçant tournées à droite pendant six mois accomplissant leurs influences, et tournées à gauche pendant six mois. » Et quand le Sauveur eut ainsi parlé à ses disciples, il dit: « Que celui-là entende, qui a des oreilles pour entendre. »

Et quand Marie eut entendu les paroles qu'avait dites le Sauveur, elle regarda dans l'air avec étonnement pendant la durée d'une heure, et elle dit: « Seigneur, permets-moi de parler avec sincérité. » Et Jésus le miséricordieux répondit à Marie: « Marie, tu es heureuse

; je t'instruirai de tous les mystères qui appartiennent aux régions supérieures ; parle avec sincérité, toi dont le cœur est plus que celui-là de tous tes frères dirigé vers le royaume des cieux. »

Et Marie dit au Sauveur : « Seigneur, tu as dit : « que celui-là entende qui a des oreilles pour entendre », afin que nous entendions les paroles que tu as dites. Écoute-moi donc, Seigneur ; tu as dit: « J'ai enlevé la troisième partie de la force de tous les archons des éons, et j'ai changé leurs heimarménés et leurs sphères qui sont leurs souveraines, afin que si la race des hommes qui sont en ce monde les invoquait dans leurs mystères que les anges pécheurs leur ont enseignés pour accomplir leurs méfaits, dans les mystères de leur magie, ils ne pussent dès cette heure, accomplir leurs méfaits », car tu leur as enlevé leur force et leurs devins ; et ceux qui montrent aux hommes qui sont dans le monde toutes les choses futures, n'ont plus la faculté, depuis cette heure, de leur montrer l'avenir, parce que tu as changé leurs sphères et que tu les as rendus durant six mois tournées à gauche, accomplissant leurs influences, et durant six autres mois tournées à droite, accomplissant leurs influences. C'est de tes paroles, Seigneur, qu'a parlé la force qui était dans Isaïe le prophète, et qu'elle a dit en parabole, en parlant de l'Égypte: « Où donc, Égypte, où sont tes devins et les interprètes de l'heure, et ceux qu'ils évoquent de la terre, et ceux qu'ils appellent d'eux-mêmes ? » La force qui était dans Isaïe le prophète a donc prophétisé, avant que tu ne vinsses, et elle a annoncé que tu enlèverais leur force à tous les archons des éons, et que tu changerais leurs sphères et leurs heimarménés. Et quand le prophète a dit: « Vous ne savez pas ce qu'accomplira le Seigneur », cela signifie que nul des archons ne sait ce que tu accompliras dès cette heure, et ce qu'a dit Isaïe de l'Égypte, doit se dire aussi de la matière sans efficacité, et Isaïe parlait de la force qui est aujourd'hui dans ton corps matériel, et que tu as prise dans Sabaoth le bon, qui est dans la région de droite. C'est donc pour ce motif que tu nous as dit, Seigneur Jésus: que celui-là entende qui a des oreilles pour entendre, parce que tu sais si le cœur de chacun aspire ardemment vers le royaume des cieux. »

Et lorsque Marie eut cessé de dire ces paroles, le Sauveur dit: « C'est bien, Marie, tu es heureuse au-dessus de toutes les femmes qui sont sur la terre, car tu seras le pleurôme de tous les pleurômes, et la fin de toutes les fins. » Et quand Marie eut entendu le Sauveur s'exprimer de la sorte, elle ressentit une extrême allégresse, et allant vers Jésus, elle se prosterna devant lui et adora ses pieds, en disant: « Seigneur, écoute-moi, et permets que je t'interroge au sujet des paroles que tu m'as dites concernant les régions dans lesquelles tu as été. »

Et Jésus répondant à Marie, dit: « Parle avec franchise et ne crains rien ; je te révélerai toutes les choses que tu demanderas. » Et elle dit: « Seigneur, tous les hommes sachant les mystères de la magie des archons de tous les éons, et de la magie des archons de l'heimarméné et de ceux qui appartiennent à la sphère, comme les anges méchants les leur ont enseignés, et ils les invoquent dans leurs mystères qui sont leur magie pour empêcher de bonnes actions, pourront-ils accomplir leurs projets en ce temps, ou non ? »

Et Jésus répondant à Marie, dit: « Ils ne les accompliront pas comme ils les accomplissaient depuis le commencement, lorsque je leur enlevai la troisième partie de leur force. Mais ils feront la faute en ceux qui savent les mystères de la magie du treizième éon. »

Et quand Jésus eut dit ces paroles, Marie se leva et dit: « Seigneur, les devins et les observateurs de l'heure (les astrologues, les faiseurs d'horoscopes), montreront-ils dès lors aux hommes les choses futures ? » Et Jésus répondit à Marie: « Si les observateurs de l'heure tombent sur les heimarménés et les sphères tournées vers la gauche suivant leur première émanation, leurs paroles s'accompliront, et ils diront ce qui devra arriver, mais s'ils rencontrent les heimarménés, ou que les sphères soient tournées vers la droite, ils n'annonceront rien de vrai, parce que leurs influences seront retournées ainsi que leurs quatre angles, et leurs trois angles, et leurs huit figures. Car, dès le commencement, leurs quatre angles et leurs trois angles, et leurs huit figures étaient tournés vers la gauche. Mais je les changerai, faisant qu'elles se tournent six mois vers la gauche et six mois vers la droite. Celui qui aura trouvé leur nombre depuis le temps que je les ai changées en réglant que, pendant six mois, elles regardent leur voie gauche, et pendant six mois elles regardent leur voie droite ; celui qui les aura observées de cette manière, aura exactement leurs influences, et annoncera toutes les choses qu'elles feront. Il en sera de même des devins, s'ils invoquent le nom des archons, pour que leurs influences tournées vers la gauche se révèlent à eux. Et sur toutes les choses à l'égard desquelles ils interrogeront les décans, ceux-ci les diront exactement. Et si les devins invoquent leurs noms, regardant vers la droite, ils ne les entendront point regardant vers une autre figure, selon leur première disposition dans laquelle Jaô les a placées, et ils seront dans un grand trouble, ne connaissant pas leurs trois angles et leurs quatre angles, et toutes leurs figures.[6] »

Et il advint que Jésus ayant prononcé ces paroles, Philippe étant assis, écrivait toutes les paroles que Jésus disait, et ensuite Philippe s'avançant, se prosterna et adora les pieds de Jésus, disant: « Mon Sauveur et Seigneur, donne-moi la permission de parler, et je t'interrogerai au sujet de la parole que tu nous as dite, concernant les régions où tu as été à cause de ta mission.

» Et le Sauveur miséricordieux répondant à Philippe, dit: « La permission est donnée, dis ce que tu veux dire. » Et Philippe répondit à Jésus: « Seigneur, à cause du mystère, tu as changé les rapports des archons, et de leurs éons, et de leurs heimarménés et de leurs sphères, et de toutes leurs régions, et tu les as rendus tous troublés dans leur voie et égarés dans leurs courses ; as-tu fait ces choses pour le salut du monde ou non ? »

Jésus répondant, dit à Philippe et à ses disciples: « J'ai changé leur voie pour le salut de toutes les âmes ; en vérité, en vérité, je vous le dis ; si je n'avais changé leur voie, ils auraient perdu une multitude d'âmes, et il se serait passé beaucoup de temps sans que les archons des éons et les archons de l'heimarméné et de la sphère, et toutes leurs régions, et tous leurs cieux, et tous leurs éons eussent été détruits, et les âmes auraient passé beaucoup de temps hors de ce lieu, et le nombre des âmes des justes qui seront mises par le mystère dans la possession des régions supérieures, et qui seront dans le trésor de la lumière, eût cessé d'être accompli. C'est pourquoi j'ai changé leur voie pour qu'ils fussent troublés, et qu'étant troublés, ils perdissent la force qui est dans la matière de leur monde, afin que ceux qui doivent être sauvés soient promptement purifiés, et transportés dans les régions supérieures, et afin que ceux qui ne doivent pas être sauvés soient détruits. »

Et quand Jésus eut dit ces paroles à ses disciples, Marie s'avança, belle dans son langage et heureuse, et elle se prosterna aux pieds de Jésus, disant: « Seigneur, pardonne-moi si je te parle, et ne te courrouce pas contre moi si je te cause de l'ennui en t'interrogeant souvent. » Et le Sauveur, répondant en sa miséricorde, dit à Marie: « Dis ce que tu voudras, et je te révélerai avec clarté. » Et Marie répondant, dit à Jésus: « Seigneur, comment les âmes s'arrêteront-elles hors de ce lieu, et de quelle manière seront-elles promptement purifiées ? » Et Jésus répondant, dit à Marie: « C'est bien, Marie, tu cherches la vérité dans tes questions qui sont bonnes, et tu fournis la lumière à toutes choses par ton empressement et ton zèle. Dès cette heure, je ne vous cacherai rien, mais je vous révélerai toutes choses avec soin et avec clarté. Écoute donc, Marie, et vous tous, mes disciples, recueillez ma parole.

« Avant que je ne divulgasse ma mission à tous les archons des éons, et à tous les archons de l'Heimarméné et des sphères, ils étaient tous liés à leurs chaînes et à leurs sphères et à leurs sceaux selon la manière que Jaô, le gardien de la lumière, les lia dès le commencement, et chacun d'eux restait dans son rang, et chacun d'eux marchait dans son parcours, selon la manière que les avait disposés Jaô le gardien de la lumière. Et lorsque fut venu le temps du nombre de Melchisédech, le grand héritier de la lumière, il vint au milieu des éons et de tous les archons, liés dans les sphères, et il ôta la pure lumière à tous les archons des éons et à tous les archons de l'heimarméné, et des sphères. Car il ôta ce qui les avait troublés. Et il excita leur surveillant qui est sur eux, pour qu'il tournât aussitôt leurs cercles, et il enleva la force qui est en eux, et le souffle de leur bouche, et les larmes de leurs yeux et la sueur de leurs corps. Et Melchisédech, l'héritier de la lumière, purifia ces forces, pour porter leur lumière dans le trésor de la lumière, et les satellites de tous les archons recueillirent toute leur matière, et les satellites des archons de tous les heimarménés, et les satellites des sphères qui sont au-dessous des archons, la reçurent pour qu'ils fissent les âmes des hommes et des troupeaux et des reptiles et des bêtes et des oiseaux, et qu'ils les envoyassent dans le monde des hommes. Et les puissances du soleil, et les puissances de la lune, lorsqu'elles regardèrent le ciel et qu'elles virent les places des voies des éons et des heimarménés et des sphères, virent que la lumière leur avait été enlevée. Et prenant la pure lumière et le résidu de la matière, elles la portèrent dans la sphère qui est au-dessous des éons pour en faire les âmes des hommes et pour en faire les reptiles, et les bêtes de somme, et les animaux, et les oiseaux, suivant le cercle des archons de cette sphère, et suivant toutes les figures de leur conversion, afin de les rejeter dans le monde des hommes, pour y devenir des âmes de ce lieu, et cela selon la manière que je vous ai déjà dite.

« C'est ce qu'ils faisaient avec persévérance, avant que leur force ne fût diminuée en eux et qu'elle ne fût affaiblie et qu'ils ne devinssent débiles et sans puissance. Et il advint que lorsqu'ils furent sans puissance et que leur force eut cessé en eux, et qu'ils devinrent débiles en leur force, et que la lumière qui est dans leur région eut cessé, et que leur règne fut dissous, il advint que lorsqu'ils connurent ces choses pour un temps, et lorsque le nombre assigné à Melchisédech, l'héritier de la lumière, fut accompli, il vint de nouveau pour entrer au milieu de tous les archons des éons, et de tous les archons de l'heimarméné et de la sphère, et il les troubla pour remettre promptement leurs cercles, et il les comprima pour jeter la force hors d'eux, du souffle de leur bouche, et des larmes de leurs yeux et de la sueur de leur corps. Et Melchisédech, l'héritier de la lumière, les purifia suivant la manière qu'il accomplit avec persévérance, et il porta leur lumière dans le Trésor de la lumière.[7]

« Et lorsque je vins pour monter au ministère où j'avais été appelé par l'ordre du premier mystère, je montai au milieu des douze archons des éons, revêtu de mon vêtement, et je resplendissais d'une lumière immense, et il n'y avait nulle espèce de lumière qui ne fût en moi. Et lorsque tous les tyrans, le grand Adamas, et les tyrans de tous les douze éons, tous s'efforcèrent de combattre avec la lumière de mon vêtement, voulant en avoir la possession entre eux afin de rester dans leurs royaumes. Ils faisaient ainsi, ne sachant pas avec qui ils combattaient. Et lorsqu'ils combattaient ainsi avec la lumière, moi, suivant l'ordre du premier mystère, changeant leurs voies et les armes de ses éons, et les voies de ses heimarménés, et les voies de sa sphère, je les mis pendant six mois en regard des trois angles de gauche, et des quatre angles, et des choses qui sont dans leur région, et dans leurs huit figures selon la manière où ils étaient dès le commencement. Je changeai leur conversion et leur direction.[8]

« Mais quand j'eus enlevé la troisième partie de leurs forces, je changeai leurs sphères, afin qu'ils regardassent quelque temps à gauche, et qu'ils regardassent quelque temps à droite. Je changeai toute leur voie, et toute leur course, et j'accélérai la voie de leur course afin qu'ils fussent purifiés rapidement, et j'abrégeai leur cercle, et je rendis légère leur voie. Et ils se hâtèrent beaucoup, et ils furent excités en leur voie, et ils ne purent, dès cette heure, dévorer la matière de leur pure lumière. Et j'abrégeai leurs temps et leur durée afin que le nombre des âmes justes qui recevront les mystères et seront dans le trésor de la lumière fût promptement accompli. Si je n'avais changé leur course, et si je n'avais abrégé leur temps, ils n'auraient laissé aucune âme venir dans le monde, à cause de la matière de leur résidu (foecis) qu'ils ont dévorée, et une multitude d'âmes auraient été perdues. C'est pourquoi je vous ai dit dans le temps : « J'ai abrégé les temps à cause de mes élus. » Autrement nulle âme n'eût pu être sauvée. J'ai abrégé les temps et les durées à cause du compte des âmes justes qui recevront les mystères et qui sont les âmes des élus, et si je n'avais abrégé leur temps, nulle âme matérielle n'eût pu être sauvée, mais elles auraient été consumées dans le feu qui est dans la chair des archons, et telles sont les choses au sujet desquelles tu m'as interrogé. »

Et lorsque Jésus eut ainsi parlé à ses disciples, tous se prosternèrent à la fois et l'adorèrent en disant: « Nous, tes disciples, nous sommes élevés au-dessus de tous les hommes, à cause de la grandeur des choses que tu nous révèles. »

Et Jésus continuant de parler dit à ses disciples: « Écoutez, écoutez ce qui m'arriva avec les archons, des douze éons, et avec tous leurs archons, et leurs maîtres, et leurs autorités, et leurs anges, et leurs archanges. Lorsqu'ils virent le vêtement brillant qui est sur moi, car chacun d'eux vit le mystère de son nom qui est en mon vêtement brillant dont j'étais revêtu, tous se prosternèrent à la fois, adorant le vêtement brillant qui est sur moi, et tous s'écrièrent à la fois, disant: « Le Seigneur de l'univers nous a changés à notre insu » et tous chantèrent à la fois un cantique depuis l'intérieur des intérieurs, et toutes leurs triples puissances et leurs grands ancêtres, et leurs anges et leurs forces engendrées d'elles-mêmes, et leurs vertus, et leurs dieux, et leurs flambeaux, et tous leurs grands. Ils virent les gardiens de leurs régions ayant perdu une partie de leur force, tomber dans la faiblesse, et ils furent eux-mêmes dans une grande peur immense. Et, découvrant le mystère de leur nom dans mon vêtement, ils s'empressaient de venir pour adorer le mystère de leur nom dans mon vêtement, et ils ne purent à cause de la grande lumière qui était avec moi. Mais étant un peu éloignés de moi, ils l'adorèrent. Ils adorèrent la lumière de mon vêtement, et ils s'écrièrent tous, chantant des hymnes de l'intérieur des intérieurs.

« Et il advint que lorsque les gardiens qui sont auprès des archons, eurent découvert ces choses, tous, tombant dans l'abattement, tombèrent hors de leurs régions, et ils devinrent comme les habitants du monde lorsqu'ils sont frappés de mort, nul souffle ne restant en eux, et se trouvant de la même manière qu'ils avaient été à l'heure où je leur enlevai leur force. Et il advint ensuite que lorsque je m'éloignais de ces éons, chacun de tous ceux qui sont dans les douze éons furent tous liés dans leurs places et commirent des méfaits suivant la manière que je les avais disposés, pour qu'ils passassent six mois tournés vers la gauche, commettant leurs méfaits dans ses quatre angles et dans ses trois angles, et dans ceux qui sont dans leur région, et pour que derechef ils passassent six autres mois regardant vers la droite, et vers ses trois angles, et vers ses quatre angles, et vers ce qui appartient à leur région. Telle est la manière dont marcheront ceux qui sont sous l'heimarméné et dans les sphères.

« Il advint ensuite que je montai dans les régions supérieures vers les voiles de la treizième région des éons. Et il advint que lorsque je fus venu à ses voiles, ils s'ouvrirent devant moi. Entré à la treizième région des éons, je trouvai la fidèle Sagesse au-dessous de la treizième région des éons seule, aucun d'eux n'étant auprès d'elle. Elle était assise, livrée à la tristesse et pleurant parce qu'ils ne l'avaient pas conduite à la treizième région des éons, sa place dans les régions supérieures. Et elle s'affligeait aussi à cause des souffrances que lui avait causées l'orgueilleux qui est une des trois triples puissances, et quand je vous parlerai de l'émanation, je vous dirai le mystère de leur création. Et il advint que lorsque la fidèle Sagesse me vit, et qu'elle vit la lumière immense qui m'environnait, nulle espèce de lumière ne m'étant étrangère, elle fut dans un grand trouble, et regardant la lumière de mon vêtement, elle vit le mystère de mon nom tracé sur mon vêtement, et toute la splendeur de son mystère, comme il avait été depuis le commencement dans les régions supérieures et dans la treizième région des éons. Alors elle adressa un hymne à la lumière qui était dans les régions supérieures qu'elle vit dans les voiles du trésor de la lumière. »[9]

Et il advint que lorsque Jésus eut dit ces choses à ses disciples, Marie s'avança et dit: « Seigneur, je t'ai entendu dire que la divine sagesse était aussi dans les vingt-quatre proboles, mais elle n'était pas dans leur région, car tu as dit: « Je l'ai trouvée au-dessous de la treizième région des éons. » Et Jésus répondant dit à ses disciples: « Il advint que la fidèle Sagesse était dans la treizième région des éons, dans la région de toutes ses sœurs invisibles, qui sont elles-mêmes les vingt-quatre proboles du grand invisible. Il advint que, par l'ordre du premier mystère, la divine Sagesse, ayant regardé en haut, vit la lumière des ailes du trésor de la lumière. Et elle désira aller dans cette région, mais elle ne put y venir. Elle cessa de faire le mystère de la treizième région des éons, mais elle adressa un hymne à la lumière des régions inférieures qui est dans la lumière des ailes du trésor de la lumière. Il advint que lorsqu'elle chantait l'hymne adressée vers les régions supérieures tous les archons qui sont dans les douze régions des éons, eurent de la haine pour elle, ceux qui sont dans la partie inférieure, parce qu'elle s'arrêta dans ses mystères et qu'elle voulut s'élever afin d'être au-dessus d'eux. C'est pourquoi ils furent irrités contre elle, et ils conçurent de la haine à son égard. Et le grand triple pouvoir orgueilleux, qui est le troisième des triples puissances et qui réside dans la treizième région des éons, celui qui fut indocile, en ne produisant pas toute la pureté de sa force qui est en lui, et ne montrant pas la pure lumière au temps que les archons donnèrent leur pureté, voulut être souverain sur toute la treizième région des éons et sur ceux qui sont au-dessous de lui. Et il arriva que les archons des douze régions des éons s'irritèrent contre la fidèle Sagesse qui est au-dessus d'eux ; ils conçurent à son égard une haine extrême, et le grand triple pouvoir orgueilleux dont je vous ai parlé, suivit les archons des douze régions des éons, et s'irrita contre la fidèle Sagesse, et il eut pour elle une haine extrême parce qu'elle voulait aller dans la lumière qui est au-dessus de lui, et il projeta hors de lui une grande force à la face de lion, et de la matière qui est en lui, il projeta une autre multitude d'émanations matérielles, et il les envoya dans les régions inférieures, au milieu du chaos, pour qu'ils tendissent des pièges à la Fidèle Sagesse, et qu'ils lui ôtassent la force qui est en elle, parce qu'elle voulait aller dans la région supérieure qui est au-dessus d'eux tous, et parce qu'elle cessa aussi de faire ses mystères et elle continua de pleurer cherchant la lumière qu'elle avait vue, et les archons qui restent dans le mystère qu'ils font, eurent de la haine contre elle, et tous les gardiens qui veillent auprès des portes des éons, eurent aussi de la haine contre elle.

« Et il advint ensuite d'après le commandement du premier ordre que le grand orgueilleux triple pouvoir qui est un des trois pouvoirs, conduisit la Sagesse dans la treizième région des éons, pour qu'elle contemplât les lieux de l'enfer, et qu'elle y vît en ce lieu sa puissance de lumière qui est avec une face de lion, et il voulait qu'elle vînt en ce lieu afin qu'ils lui ôtassent la lumière qui est en elle, et la Sagesse regardant d'en haut vit la force de cette lumière dans la région des enfers, et elle ne savait pas qu'elle appartenait au triple pouvoir orgueilleux, mais elle pensa qu'elle provenait de la lumière qu'elle avait vue dès le commencement dans la région supérieure et qui vient des ailes du trésor de la lumière, et elle pensa en elle-même: « je viendrai dans le lieu de ma syzygie[10] pour que je prenne la lumière que les éons de la lumière ont procréée pour moi, afin que je puisse venir à la lumière des lumières qui est dans la hauteur des hauteurs », et, dans ces pensées, elle sortit de sa place à la treizième région des éons, et elle monta vers les douze éons ; les archons des éons l'aperçurent, et ils s'irritèrent contre elle, parce qu'elle avait voulu s'élever aux régions supérieures. Sortie des douze régions des éons, elle vint dans les lieux du chaos, et avança vers la force de la lumière à face de lion pour la dévorer. Tous les défenseurs de la matière l'environnèrent. Et la grande force de la lumière à face de lion dévora la puissance de la lumière dans la Sagesse et purgea (purgavit) sa lumière qu'elle avait dévorée et sa matière. Ils la jetèrent dans le chaos, dont la moitié est de flamme et l'autre moitié de ténèbres, et il y avait un archon à face de lion, et c'est Ialdabaôth dont je vous ai parlé bien des fois. Et quand ces choses eurent été accomplies, la Sagesse fut dans une extrême faiblesse. Et la force de la lumière à face de lion commença à enlever toutes les forces de la lumière dans la Sagesse, et toutes les forces de la matière du pouvoir orgueilleux entourèrent à la fois la Sagesse, et la tourmentèrent. Et la fidèle Sagesse poussant de grands cris, s'adressa à la lumière des lumières qui vit dès le commencement, implorant son assistance, et elle prononça cette supplication, en disant ces paroles: « Lumière des lumières que j'ai implorée dès le commencement, écoute maintenant, ô lumière, mes supplications.

Protège-moi, lumière, parce que de mauvaises pensées sont venues en moi, j'ai regardé, ô lumière, dans les régions de l'enfer, j'ai vu la lumière dans ce lieu, et je suis venue pensant que je viendrai en ce lieu pour que je pris sa lumière, et je suis tombée dans les ténèbres qui sont dans le chaos de l'enfer. Je n'ai pu m'envoler et venir en ma place, c'est pourquoi je suis tourmentée par tous mes ennemis, et la force à face de lion m'a enlevée ma lumière qui est en moi, et j'ai crié en implorant ton assistance, et ma voix n'est pas montée dans les ténèbres. Et j'ai regardé en haut pour que la lumière à laquelle j'ai cru m'assistât. Et quand j'ai regardé en haut j'ai vu tous les archons d'une multitude d'éons. Jetant leurs regards sur moi, ils se réjouissaient de mes cris en cet état, moi qui ne leur aie fait aucun mal. Mais ils me haïssent sans motifs, et quand les proboles du triple pouvoir ont vu que les archons des éons se réjouissaient de mes maux, ils ont compris que les archons des éons ne me prêteraient pas leur secours et ceux qui m'affligeaient dans l'injustice ont eu confiance, et ils m'enlevèrent la lumière que j'avais reçue d'eux. Maintenant, lumière véritable, tu sais que j'ai fait ces choses dans ma simplicité, pensant que la lumière à face de lion t'appartenait. Et le péché que j'ai commis, est patent devant toi. Ne permets pas, Seigneur, que je reste plus longtemps dans le dénuement, car j'ai cru dès le commencement à ta lumière. Seigneur, lumière des forces, ne me laisse pas plus longtemps privée de ta lumière, car c'est à cause de ta lumière que je suis plongée dans mon affliction, et la honte m'a couverte, et à cause de ta lumière je suis étrangère à mes frères invisibles et aussi aux émanations du grand Barbelo. Ces choses me sont arrivées, ô lumière, parce que j'ai eu le désir de pénétrer en ton séjour, et la colère de l'orgueilleux est venue contre moi, de celui qui n'a pas écouté ton ordre pour qu'il répandît sa lumière, parce que j'ai été dans la région de ses éons, ne faisant pas son mystère, et tous, et les gardiens des portes des régions des éons me cherchaient, et tous ceux qui comprennent leurs mystères me poursuivaient. Mais j'ai regardé en haut vers toi, lumière, et j'ai cru en toi ; ne me laisse pas dans l'affliction de l'obscurité du chaos, mais délivre-moi de ces ténèbres ; si tu veux venir pour me sauver, grande est ta miséricorde ; écoute-moi dans la vérité et sauve-moi. » Voilà les paroles que dit la fidèle Sagesse, et que celui-là entende qui a des oreilles pour entendre. »

Et Marie dit: « Seigneur, mes oreilles reçoivent la lumière et j'entends dans ma force de lumière. Écoute donc ce que j'ai à dire des paroles que prononça la Fidèle Sagesse en confessant son péché ; ta force de lumière a jadis prophétisé à son égard par la bouche de David lorsqu'il a dit dans le soixante-huitième psaume: « Mon Dieu, protège-moi, car les eaux sont venues jusqu'à mon âme. »[11]

Et Marie dit ensuite: « Telle est, Seigneur, l'explication de la supplication qu'a exprimée la Fidèle Sagesse. » Et Jésus répondit : « C'est bien, Marie, tu es heureuse », et continuant de parler, il dit: « La Fidèle Sagesse adressa derechef une hymne en ces termes: « Lumière des lumières, j'ai cru en toi ; ne me laisse pas dans les ténèbres jusqu'à la fin de mon temps. Assiste-moi et protège-moi en tes mystères. Incline ton oreille vers moi et sauve-moi. Que la force de ta lumière me conserve et me porte vers les éons élevés ; délivre-moi de la force à face de lion et de tous mes ennemis ; j'ai cru en toi dès le commencement ; tu es mon sauveur et mon trésor de lumière. Ma bouche est remplie de gloire pour que je dise en tout temps le mystère de ta grandeur. Ne me laisse pas dans le chaos, et ne m'abandonne pas, car mes ennemis ont voulu m'enlever toute ma lumière. Tourne-toi vers moi, lumière, et délivre-moi de ces cruels. Que ceux qui veulent m'enlever ma force tombent et soient dans l'impuissance, et qu'ils soient plongés dans les ténèbres. »

Et quand Jésus eut achevé ces paroles, il dit à ses disciples: « Comprenez-vous ce que je vous dis ? » Et Pierre s'avançant, dit: « Seigneur, ne permets pas à cette femme de prendre notre place et de ne laisser parler aucun de nous, car elle parle bien des fois. » Et Jésus répondant dit à ses disciples: « Que celui en qui s'agite la force de l'esprit lui donnant l'intelligence, s'avance pour parler ; je vois, Pierre, ta force dans la connaissance du mystère des paroles que dit la fidèle Sagesse. Avance donc et donnes-en l'explication au milieu de tes frères. » Et Pierre dit: «

Seigneur, ta force a jadis prophétisé au sujet de ces paroles par la bouche de David lorsqu'il a dit dans le soixante-neuvième psaume: « Seigneur mon Dieu, songe à me secourir. »

Et le Sauveur dit à Pierre : « C'est bien, Pierre, c'est l'explication du cantique de la fidèle Sagesse. Vous êtes heureux au-dessus de tous les hommes qui sont sur la terre parce que je vous ai révélé ces mystères. En vérité je vous le dis, je vous donnerai tous les mystères de toutes les régions de mon Père et de toutes les régions du premier mystère, afin que ce que vous aurez reçu sur la terre soit reçu dans le royaume des régions supérieures, et afin que ce que vous aurez rejeté sur la terre soit rejeté dans le royaume de mon Père qui est dans les cieux ; écoutez donc, et comprenez les supplications que prononça la fidèle Sagesse: « Lumière des forces, protège-moi ; que ceux qui veulent m'enlever ma lumière soient jetés dans le chaos ; qu'ils soient plongés dans les ténèbres, ceux qui m'affligent en disant: « Nous serons plus forts qu'elle. » Qu'ils se réjouissent, tous ceux qui cherchent la lumière, et qui disent en tout temps: « Je célébrerai le mystère de ceux qui veulent ton mystère. » Protège-moi donc, lumière, car j'ai besoin de ma lumière que mes ennemis veulent m'enlever. Tu es mon sauveur, lumière ; hâte-toi et délivre-moi de ce chaos. »

Et lorsque Jésus eut cessé de dire ces paroles à ses disciples, leur exposant le troisième cantique qu'avait prononcé la fidèle Sagesse, il ajouta: « Que celui en qui se trouve le souffle de l'intelligence, avance pour qu'il dise le sens du cantique que dit la fidèle Sagesse. » Et Marthe se prosterna à ses pieds, et les embrassa en poussant des cris et en pleurant, et en se livrant aux gémissements et à l'humiliation, et elle dit : « Seigneur, aie pitié de moi, et étends sur moi ta miséricorde, et permets que je dise l'explication du cantique qu'a dit la fidèle Sagesse. » Et Jésus, donnant la main à Marthe, lui dit: « Heureux est l'homme qui se sera humilié, car il lui sera fait miséricorde. Tu es donc heureuse, Marthe ; expose l'explication du sens du cantique de la fidèle Sagesse. » Et Marthe répondant à Jésus, lui dit au milieu de ses disciples : « Quant au sens du cantique que la fidèle Sagesse a récité, Seigneur, ta force a prophétisé jadis, lorsqu'elle s'est exprimée dans les termes suivants dans le soixante-dixième psaume de David : « Mon Dieu, j'ai cru en toi, ne permets pas que je sois humilié pour toujours. » Voici, Seigneur, l'explication du troisième cantique qu'a dit la fidèle Sagesse. »

Et il advint que lorsque Jésus eut entendu Marthe qui disait ces paroles, il dit : « C'est bien, Marthe, et tu as bien parlé. » Et Jésus, continuant son discours, dit à ses disciples: « La fidèle Sagesse continua de dire sa quatrième supplication, la disant avant que la force à face de lion et que toutes les émanations matérielles qui sont avec elle, et que l'orgueilleux avait envoyées dans le chaos, ne vinssent la tourmenter derechef afin de lui enlever toute la lumière qui est en elle, et elle parla ainsi: « Lumière à laquelle j'ai cru, entends ma supplication, et que ma voix vienne jusque dans ta demeure. Ne détourne pas de moi l'image de ta lumière, mais tourne-toi vers moi qui suis dans l'affliction. Hâte-toi, sauve-moi au moment où j'adresserai derechef mes cris vers toi, car mon temps disparaît comme le brouillard, et je suis devenue de la matière. Ma lumière m'a été enlevée, et ma force a été détruite. J'ai perdu la mémoire de mon mystère dont je me suis acquittée dès le commencement. Ma force a succombé en moi par suite de ma frayeur. Je suis devenue comme un démon qui habite dans la matière, où il n'y a nulle lumière, et je suis devenue comme un décan qui est seul dans l'air. Et mes ennemis ont dit: Au lieu de la lumière qui est en elle, remplissons-la du chaos. J'ai dévoré la sueur de ma substance, et l'amertume des larmes de la matière de mes yeux, pour que ceux qui me tourmentent ne m'enlèvent pas ces autres choses. Toutes ces choses, lumière, me sont arrivées par ton ordre et d'après ta décision, et ta volonté est qu'elles m'arrivent. Ta volonté m'a conduite dans l'enfer, et je suis venue dans l'enfer comme la force du chaos. Et ma force s'est glacée en moi. Seigneur, tu es la lumière dans l'éternité, et tu visites en tout temps les affligés. Maintenant, lumière, lève-toi, cherche ma voie et l'âme qui est en moi. L'ordre que tu avais établi pour moi dans mes afflictions est accompli. Le temps est arrivé pour que je cherche ma voie et mon âme, le temps que tu as fixé pour me chercher, parce que tes sauveurs en ont voulu à ma force qui est dans mon âme, car mon temps est accompli. Et en ce temps tous les archons des éons de la matière craindront ta lumière, et toutes les émanations de la treizième région des éons de la matière craindront les mystères de ta lumière, pour que d'autres se revêtent de la pureté de leur lumière, quand le Seigneur cherchera la force de notre âme. C'est le mystère qui est devenu le modèle pour la race qui est à créer, et cette race a adressé une hymne aux régions supérieures ; la lumière a regardé de la hauteur de sa lumière, elle regardera en toute matière pour entendre les gémissements de ceux qui sont liés, afin de briser la force des âmes dont la force a été liée, pour mettre son nom dans l'âme et son mystère dans la force. »

Et lorsque Jésus eut dit ces paroles à ses disciples, il dit: « Voilà la quatrième supplication qu'a dite la fidèle Sagesse. Et que celui qui peut comprendre comprenne. » Et quand Jésus eut dit ces paroles, Jean s'avança et adora la poitrine de Jésus et dit: « Seigneur, pardonne-moi, et souffre que je dise l'explication de la quatrième supplication qu'a dite la fidèle Sagesse. » Et Jésus dit à Jean: « Je t'encourage et t'autorise à dire l'explication de la quatrième supplication qu'a dite la fidèle Sagesse. » Et Jean répondit et dit: « Seigneur et Sauveur, la force de ta lumière a prophétisé jadis au sujet de ce qu'a dit la fidèle Sagesse, en s'exprimant dans le cent-unième psaume de David: Seigneur, écoute ma prière, et que mes cris arrivent jusqu'à toi. »

Et lorsque Jean eut fini de dire ces paroles, Jésus, se tenant au milieu de ses disciples, lui dit: « C'est bien, Jean, et une place t'est réservée dans le royaume de la lumière. » Et Jésus, continuant son discours, dit à ses disciples: « Les émanations de l'orgueilleux triple pouvoir tourmentant la fidèle Sagesse dans le chaos, voulurent lui enlever toute sa lumière, et le temps de la retirer du chaos n'était pas encore venu, et l'ordre n'était pas encore venu du premier mystère pour que je la sauvasse dans le chaos. Et il advint donc que lorsque les émanations matérielles la tourmentaient, elle s'écria, disant sa cinquième supplication: « Lumière de mon salut, je t'adresse une hymne dans le lieu des régions supérieures et aussi dans le chaos ; je t'adresse l'hymne que je t'adressais dans les régions supérieures. Viens vers moi, ô lumière. Tourne l'esprit, lumière, vers ma supplication ; car ma force est remplie de ténèbres, et ma lumière s'est perdue dans le chaos. Je suis devenue comme les archons du chaos qui sont descendus dans les ténèbres inférieures. Je suis devenue comme un corps matériel pour lesquels il n'y a nul sauveur dans les régions supérieures. Je suis devenue comme les matières, leur force a été enlevée, et qui ont été précipitées dans le chaos, que tu n'as pas sauvées et qui ont péri. Ils m'ont mis dans les ténèbres infernales, dans l'obscurité, et dans les matières inertes et privées de toute force. Tu as fixé tes ordres sur moi et sur toutes les choses que tu as réglées, et ton souffle en fuyant m'a fondue. C'est aussi d'après l'ordre des choses que tu as réglées, que tous mes ennemis se sont mis à me tourmenter, et ils ont eu de la haine contre moi, et se sont abstenus de moi, et j'ai été presque complètement perdue, et ma lumière a été diminuée en moi. Et j'ai crié derechef vers la lumière, dans toute la lumière qui est en moi, et j'ai élevé les mains les étendant vers toi. Et maintenant, lumière, est-ce que ta volonté est accomplie dans le chaos ? et des libérateurs venant suivant ta volonté, s'élèveront-ils dans les ténèbres pour venir ? diront-ils le mystère de ton nom dans le chaos ? diront-ils ton nom dans le chaos que tu n'éclaireras pas ? Je te célèbre, lumière, et ma supplication te parviendra dans les régions supérieures. Que ta lumière vienne sur moi, parce qu'ils m'ont enlevé ma lumière, et que je suis dans les souffrances à cause de la lumière, depuis le temps que mes ennemis m'attaquent. Et quand j'ai regardé là-haut vers la lumière, et que j'ai regardé dans l'enfer, je me suis levée selon la force de la lumière qui est dans le chaos, et je suis venue dans l'enfer. Ton ordre est venu sur moi et les craintes que tu as fixées m'ont troublée et m'ont environnée, abondantes comme les eaux ; elles se sont emparées de moi pour tout mon temps. Et, suivant ta volonté, tu n'as pas laissé ma compagne me secourir ; tu n'as pas laissé ma syzygie me préserver de mon affliction. » Telle est la cinquième supplication qu'a dite la fidèle Sagesse dans le chaos, lorsqu'elle était tourmentée par toutes les émanations matérielles du triple pouvoir. »

Et quand Jésus eut ainsi parlé à ses disciples, il leur dit: « Que celui-là entende qui a des oreilles pour entendre ; que celui dont le souffle est brillant en lui, avance, pour dire l'explication du sens de la cinquième supplication de la fidèle Sagesse. » Et lorsque Jésus eut dit ces paroles, Philippe se leva, posant un livre qu'il avait dans ses mains, car c'est lui qui écrit les choses que Jésus a dites, et toutes celles qu'il a faites. Et Philippe s'avançant dit à Jésus: « Seigneur, je suis celui auquel tu as confié le soin du monde, afin que j'écrive toutes les choses que nous disons et que nous faisons ; tu ne m'as pas permis d'exposer l'explication du mystère de la supplication de la fidèle Sagesse. Mon esprit fut agité bien des fois en moi, et me presse fortement pour que je donne l'explication de la supplication de la fidèle Sagesse, et je me suis avancé parce que j'écris toutes les choses. »

Et quand Jésus eut entendu Philippe, il lui dit: « Écoute, Philippe, que je te parle, car c'est à toi, à Thomas et à Mathieu qu'a été donnée par le premier mystère la charge d'écrire toutes les choses que je dirai et que je ferai, et toutes les choses que vous verrez. Le nombre des paroles que tu dois mettre par écrit n'est pas encore accompli ; lorsqu'il le sera, tu seras en mesure de faire ce que tu voudras. Maintenant, vous trois, écrivez toutes les choses que je dirai, et que je ferai, et que je verrai, afin que je rende témoignage de toutes les choses du royaume des cieux. » Et quand Jésus eut dit ces paroles, il dit à ses disciples: « Que celui-là entende qui a des oreilles pour entendre. » Et Marie se levant, vint au milieu des disciples, et elle se tint auprès de Philippe, et elle dit à Jésus: « Seigneur, mon oreille a entendu la voix de la lumière, et je suis prête à entendre, selon ma force et selon ma connaissance, la parole que tu as dite. Maintenant, Seigneur, écoute, que je parle avec clarté ; tu nous as dit. « Que celui-là entende qui a des oreilles pour entendre. » Et tu as dit aussi à Philippe: « C'est à toi, à Thomas et à Mathieu, que la charge a été donnée par le premier mystère d'écrire toutes les choses du règne de lumière, afin que vous en rendiez témoignage. » Écoute donc afin que je donne l'explication de la parole que ta force de lumière a prophétisée jadis par la voix de Moïse. « Toute chose se constatera par deux ou trois témoins. » Ces trois témoins sont Philippe et Thomas et Mathieu. » Et il advint que, lorsque Jésus eut entendu cette parole, il dit: « C'est bien, Marie, c'est l'explication de la parole. Maintenant, Philippe, avance, pour donner l'explication du mystère de la cinquième supplication de la fidèle Sagesse.

« Et ensuite assieds-toi, afin d'écrire toutes les choses que je dirai, jusqu'à l'accomplissement de la fonction qui t'est donnée, d'écrire les paroles du règne de la lumière. Ensuite tu continueras de dire ce que ton esprit comprend. Donne donc maintenant l'explication du mystère de la cinquième supplication de la Fidèle Sagesse. » Et Philippe, répondant à Jésus, dit: « Écoute, Seigneur, et que je dise l'explication et la supplication de la Sagesse. Ta force a jadis prophétisé sur elle par la voix de David, disant dans le quatre-vingt-septième psaume: Seigneur, Dieu de mon salut, je crie vers toi le jour et la nuit ; que ma parole aille vers toi, et prête ton oreille à ma supplication. »

Et quand Jésus entendit ces paroles, il dit: « C'est bien, Philippe chéri ; viens et assois-toi pour écrire toutes les paroles que je dirai, et toutes les choses que je ferai, et toutes celles que tu verras. » Et Philippe s'asseyant, écrivit.

Jésus, continuant de parler à ses disciples, leur dit: « La fidèle Sagesse poussa derechef des cris vers la lumière. Elle lui remit le péché qu'elle avait commis et quittant sa place, elle vint dans les ténèbres. Elle dit la sixième supplication parlant en ces termes: « Je te célèbre, lumière, dans les ténèbres des enfers. Écoute ma supplication, et que ta lumière soit attentive à la clameur de mes prières ; je ne viendrais pas devant toi, et tu m'abandonnerais, si tu n'étais pas, ô lumière, ma libératrice, à cause de la lumière de ton nom. J'ai cru en toi, lumière, toi qui es ma force ; j'ai été fidèle à ton mystère, et ma force a cru à la lumière qui est en haut, et elle a cru à elle lorsqu'elle était plongée dans le chaos de l'enfer. Que toute force qui est en moi croie à la lumière, tandis que je suis plongée dans les ténèbres de l'enfer. Et qu'elles y croient aussi lorsqu'elles viendront dans les régions supérieures, car il nous verra et nous rachètera, et le mystère de son salut est grand. Et il préservera toutes les forces contre le chaos à cause de ma faute, lorsque, laissant ma place, je suis venu dans le chaos. Et maintenant que celui-là comprenne, qui peut comprendre. » Et, quand Jésus eut achevé de dire ces paroles à ses disciples, il leur dit: « Comprenez-vous ce que je vous dis ? » Et André s'avançant dit : « Seigneur, la force de ta lumière a prophétisé jadis par la voix de David, dans le cent vingt-neuvième psaume, en disant: « J'ai crié vers toi, Seigneur, du fond de l'abîme. Écoute ma voix... Qu'Israël mette son espérance dans le Seigneur. » Et Jésus dit: « C'est bien, André, et tu es heureux ; c'est l'explication de la supplication de la Sagesse ; en vérité, en vérité, je vous le dis, je vous ferai connaître tous les mystères de la lumière et toute gnose, depuis l'intérieur des intérieurs jusqu'à l'extérieur des extérieurs ; depuis l'Ineffable jusqu'aux ténèbres des ténèbres, et depuis la lumière des lumières ; depuis tous les dieux jusques aux démons ; depuis tous les seigneurs jusques aux décans ; depuis toutes les révolutions jusques à toutes les émanations: depuis la création des hommes jusques à celle des bêtes et des animaux et des reptiles ; aussi on vous appellera parfaits et accomplis en toutes choses. En vérité, en vérité, je vous le dis, là où je serai dans le royaume de mon Père, vous y serez avec moi. Et quand le nombre du parfait sera accompli, pour que le mélange soit détruit, je donnerai l'ordre qu'ils conduisent tous les dieux qui n'ont pas encore donné la pureté de leur lumière, et je donnerai l'ordre au feu de la Sagesse que jettent les parfaits, pour qu'il consume ces tyrans jusqu'à ce qu'ils aient donné la dernière pureté de leur lumière. » Et lorsque Jésus eut fini de dire ces paroles à ses disciples, il leur dit: « Comprenez-vous ce que je vous dis ? » Et Marie dit: « Voici, Seigneur, le sens de la parole que tu as dites. Quant à ce que tu as dit: que dans la destruction du mélange tu seras assis sur la force de la lumière, et que tes disciples, c'est-à-dire nous, nous serons assis à ta droite, lorsque nous jugerons les tyrans qui n'auront pas encore rendu la pureté de leur lumière ; et, quant à ce que tu as dit du feu qui doit les consumer jusqu'à ce qu'ils aient donné la dernière lumière qu'ils aient en eux, à l'égard de ce que tu as dit ainsi, ta force de lumière a prophétisé jadis par la voix de David, lorsqu'il a dit dans le vingt-quatrième psaume: « Dieu s'assiéra dans l'assemblée des dieux pour juger les dieux. » Et Jésus lui dit: « C'est bien, Marie. » Et continuant son discours, il dit à ses disciples : « Il arriva que lorsque la Fidèle Sagesse eut fini de dire la sixième supplication de la rémission, se tournant derechef vers les régions inférieures, pour voir si ses péchés lui étaient remis, et pour voir si elle allait derechef être conduite dans le chaos, comme elle n'avait pas encore été exaucée, l'ordre du premier mystère n'étant pas donné pour lui remettre son péché et la ramener dans le chaos ; étant donc tournée vers les régions supérieures afin de voir si sa supplication était entendue, elle vit tous les douze archons des douze éons la raillant et se réjouissant, parce que sa supplication n'était pas exaucée, et lorsqu'elle vit qu'ils la raillaient, elle s'affligea extrêmement et elle éleva la face vers les régions supérieures, disant dans la septième supplication: « Lumière, j'ai de nouveau élevé ma force vers toi ; lumière, je t'en supplie, ne souffre pas que je tombe dans l'ignominie, ou que les douze archons des éons qui me haïssent se réjouissent de mon malheur. Quiconque t'est fidèle, ne sera pas livré à l'ignominie. Ils resteront dans les ténèbres, ceux qui ont enlevé ma force ; ils n'en seront pas possesseurs, mais elle leur sera ôtée. Lumière, montre-moi tes voies, et je serai sauvée en les suivant, et montre-moi les endroits où je dois me rendre pour être délivrée dans le chaos, et indique-moi la voie dans ta lumière, et fais que je sache, ô lumière, que tu es mon Sauveur. Je croirai en toi en tous temps. Tourne ton attention pour me sauver, ô lumière, parce que ta miséricorde dure jusque dans l'éternité. Ne m'impute pas la faute que j'ai commise depuis le commencement par suite de mon ignorance, mais sauve-moi par ton grand mystère, remettant les péchés à cause de ta bonté, lumière qui est sainte et droite. C'est pourquoi elle me rendra la vie, pour que je sois sauvée dans ma faute, et elle ôtera à mes ennemis mes forces qui ont été brisées par l'effroi des émanations matérielles du triple pouvoir. Car toutes les sciences de la lumière sont pour le salut, et les mystères sont à chacun de ceux qui cherchent les régions de ses possessions et qui cherchent les mystères à cause du mystère de ton nom, ô lumière. Remets-moi ma faute, car elle est grande. Il donnera à chacun de ceux qui croient à la lumière le mystère qu'il voudra. Et son âme sera dans les régions de la lumière, et sa force sera l'acquisition du trésor de la lumière. La lumière est ce qui donne la force à ceux qui lui sont fidèles, et le nom de son mystère est chez ceux qui croient à lui, et il leur montrera le lieu des possessions qui sont dans le trésor de la lumière. J'ai été fidèle en tout temps à la lumière qui délivrera mes pieds des chaînes des ténèbres. Tourne ton attention vers nous, ô Lumière, et sauve-moi, car mes ennemis ont enlevé mon nom dans le chaos, et ils m'ont causé de grandes afflictions. Délivre-moi de ces ténèbres, et jette les regards sur les douleurs de mes afflictions. Remets-moi mes fautes. Pense aux douze archons qui m'accusent et sont jaloux de moi. Veille sur ma force et protège-moi, et ne me fais pas rester dans ces ténèbres où je t'ai été fidèle, et mes ennemis m'ont comme privée de raison à cause de la fidélité que j'avais pour toi. Et maintenant, ô lumière, conserve mes forces dans les peines qui m'affligent et protège-moi contre mes ennemis. »

Jésus ayant ainsi parlé à ses disciples, Thomas s'avança et dit: « Seigneur, mon esprit est plein d'animation, et je me réjouis grandement, parce que tu nous as révélé ces paroles. Je me suis tu devant mes frères jusqu'à ce moment afin de ne pas les fâcher ; j'étais dans l'allégresse en les voyant réunis, afin de donner l'explication de la Fidèle Sagesse. Maintenant, Seigneur, au sujet de la solution de la septième supplication de la Fidèle Sagesse, ta force de lumière a prophétisé par la voix de David le prophète, s'expliquant ainsi dans le vingt-quatrième psaume: « Seigneur, j'ai élevé mon âme vers toi: mon Dieu, j'ai mis mon cœur en toi. »

Quand Jésus entendit les paroles de Thomas, il lui dit: « C'est bien, Thomas, et tu as bien parlé ; c'est là l'explication de la septième supplication de la Fidèle Sagesse ; en vérité, en vérité, je vous le dis, toutes les créatures du monde vous regarderont comme heureux sur la terre, parce que je vous ai révélé ces choses et que vous avez reçu de mon souffle, et que je vous ai donné l'intelligence spirituelle de ce que je vous dis. Et ensuite je vous remplirai de toute la lumière et de toute la force de mon souffle pour que vous compreniez depuis ce temps tout ce qui vous sera dit et tout ce que vous verrez. Encore un peu de temps, et je vous parlerai de tout ce qui concerne les régions supérieures depuis l'extérieur jusqu'à l'intérieur, et depuis l'intérieur jusqu'à l'extérieur. »

Et Jésus continuant son discours, dit à ses disciples : « Il advint que lorsque la Fidèle Sagesse eut dit la septième supplication dans le chaos, et avant que l'ordre ne me fût venu du premier mystère pour que je la délivre, pour que je la conduise en l'élevant dans le chaos, de mon propre mouvement, et par un effet de ma miséricorde, sans en suivre l'ordre, je la conduisis dans un lieu spacieux dans le chaos, et lorsque les émanations matérielles du triple pouvoir surent qu'elle avait été conduite dans un lieu spacieux dans le chaos, elles cessèrent un peu de la tourmenter, pensant qu'elle serait conduite entièrement dans le chaos. La Fidèle Sagesse ne savait pas que je l'assistais ainsi ; et elle ne me connaissait nullement, mais elle persistait à célébrer le trésor de la lumière qu'elle avait vu précédemment et auquel elle était fidèle, et elle pensait que c'était lui qui l'assistait ; et comme elle avait été fidèle à la lumière, elle pensait qu'elle serait conduite dans le chaos et que sa supplication serait exaucée ; mais l'ordre du premier mystère n'était pas encore accompli pour que sa supplication fût exaucée. Écoutez donc, et je vous dirai toutes les choses qui arrivèrent à la Fidèle Sagesse. Il arriva que lorsque je l'eus conduite dans un lieu un peu spacieux dans le chaos, les émanations du triple pouvoir cessèrent de la tourmenter, pensant que je la mènerais entièrement dans le chaos. Et lorsqu'elles surent que la Fidèle Sagesse n'était pas conduite dans le chaos, ils revinrent afin de la tourmenter extrêmement. Et c'est pourquoi elle dit la huitième supplication, la disant de cette manière: « J'ai placé mon cœur en toi, lumière, ne me laisse pas dans le chaos ; écoute-moi et délivre-moi dans ta pensée. Tourne ton esprit vers moi et délivre-moi ; sois mon sauveur, ô lumière, et délivre-moi ; conduis-moi à ta lumière, car tu es mon sauveur, et tu me conduiras vers toi. Et à cause du mystère de ton nom, indique-moi ta voie et donne-moi ton mystère, et tu me délivreras de cette force à face de lion et de mes ennemis qui m'ont tendu des pièges, car tu es mon Sauveur, et je donnerai la pureté de ma lumière en tes mains. Délivre-moi, ô lumière, dans ta connaissance. Tu t'irriteras contre ceux qui veillent contre moi, afin qu'ils ne s'emparent pas totalement de moi. J'ai cru à la lumière ; je me réjouirai et je chanterai tes louanges, parce que tu as pitié de moi et que tu tournes ton cœur vers la peine où je suis ; tu me délivreras, et tu me rendras ma force hors du chaos. Tu ne m'as pas abandonnée à la force à face de lion, mais tu m'as conduite dans la région où il n'y a pas d'affliction. »

Lorsque Jésus eut ainsi parlé à ses disciples, il continua et dit: « Lorsque la force à face de lion sut que la Fidèle Sagesse n'avait pas été ramenée dans le chaos, elle vint avec toutes les autres émanations matérielles du triple pouvoir, et elles tourmentèrent de nouveau la Fidèle Sagesse. Et lorsqu'elles la tourmentaient, elle continua sa supplication, en criant et disant: « Aie pitié de moi, lumière, parce qu'ils me tourmentent encore. Ce qui est en moi est troublé, lumière, selon ton ordre, ainsi que ma force et mon esprit. Ma force a reçu de grands dommages, lorsque j'étais sujette à ces tourments. Et le nombre de mon temps, est dans le chaos. Ma lumière s'est éclipsée, parce que ma force m'a été enlevée. Et toutes les forces qui étaient en moi ont été détruites. Je suis sans puissance devant tous les archons des éons qui me haïssent, et devant les vingt-quatre émanations dans les régions desquelles j'étais. Et mon frère a craint de me survivre à cause des persécutions dans lesquelles j'étais plongée. Et tous les archons des régions supérieures m'ont regardée comme de la matière en laquelle il n'y a aucune lumière. Je suis devenue comme une force matérielle qui est tombée loin des archons, et tous ceux qui sont avec les éons ont dit: elle est devenue comme le chaos. Et ensuite toutes les forces dénuées de miséricorde m'ont environnée et se sont efforcées de m'enlever toute ma lumière, qui est en moi. Mais j'ai cru à toi, lumière, et j'ai dit : Tu es mon Sauveur, et mon sort tel que tu l'as fixé est entre tes mains. Délivre-moi de mes ennemis qui m'affligent et me persécutent. Étends ta lumière sur moi, car je ne suis rien en ta présence, et conserve-moi dans ta miséricorde ; ne souffre pas que je sois investie d'ignominie, car c'est toi, lumière, que je célèbre dans mes hymnes. Que le chaos couvre mes persécuteurs, et qu'ils soient plongés dans les ténèbres infernales. Ferme la porte à ceux qui veulent me dévorer par ruse, et qui disent: « Enlevons toute la lumière qui est en elle « quoique je ne leur aie fait aucun mal. »

Et quand Jésus eut ainsi parlé, Mathieu s'avança et dit: « Seigneur, ton souffle m'a ému et ta lumière m'a instruit, pour que j'explique la huitième supplication de la Fidèle Sagesse. Ta force a jadis prophétisé à cet égard par la voix de David, dans le trentième psaume, lorsqu'il a dit: « J'ai mis mon cœur en toi. Seigneur ; ne permets pas que je sois humilié jusque dans l'éternité. »

Lorsque Jésus eut entendu ces paroles, il dit: « C'est bien, Mathieu ; maintenant, en vérité, je vous le dis, lorsque le nombre parfait sera accompli, et lorsque l'univers sera détruit, je serai assis dans le trésor de la lumière, et vous aussi serez assis sur les douze forces de la lumière, jusqu'à ce que nous ayons rétabli les rangs des douze sauveurs dans les régions de chacun d'eux. » Et lorsque Jésus eut ainsi parlé, il dit: « Comprenez-vous ce que je dis ? » Et Marie s'avança et dit: « Seigneur, tu nous as jadis annoncés en paraboles: J'établirai avec vous un royaume comme mon père en a établi un avec moi, et vous boirez et mangerez sur ma table, dans mon royaume, et vous serez assis sur les douze trônes pour juger les douze tribus d'Israël. »

Jésus répondit: « C'est bien, Marie » ; et, continuant, il dit à ses disciples: « Il advint ensuite que lorsque les émanations du triple pouvoir continuaient de tourmenter la Fidèle Sagesse dans le chaos, elle prononça la neuvième supplication, disant: « Ô lumière! confonds ceux qui m'ôtèrent ma force, et rends-moi la force qu'ils m'ont enlevée. Viens, sauve-moi. De grandes ténèbres me couvrent et m'affligent. Dis à ma force: Je te délivrerai. Que tous ceux qui veulent m'enlever toute ma lumière soient privés de leur force ; qu'ils retournent dans le chaos et qu'ils soient réduits à l'impuissance, ceux qui veulent m'enlever toute ma lumière. Que leur force soit comme la poussière, et que Ieû, ton ange, les frappe, et, s'ils veulent s'élever en haut, que les ténèbres les saisissent ; qu'ils soient rejetés dans le chaos, et que Ieû, ton ange, les poursuive pour les frapper des ténèbres de l'enfer, parce qu'ils m'ont tendu des pièges, ainsi que la force à face de lion, sans que je leur fisse aucun mal. Ils me tourmentent et veulent m'enlever la force qui est en moi. Maintenant, ô lumière ! enlève la pureté à la force à face de lion sans qu'elle le sache. Et que le dessein qu'a formé le triple pouvoir pour m'enlever ma lumière soit confondu, et enlève-lui la sienne. Ma force se réjouira dans la lumière et sera dans l'allégresse, parce que tu l'auras sauvée. Et toutes les parties de ma force diront: Il n'y a pas d'autre sauveur que toi, qui m'as délivrée de la force à face de lion qui m'enleva ma force. Et tu me délivreras de ceux qui m'ont enlevé ma force et ma lumière. Car ils se sont levés contre moi, proférant des mensonges et disant que je connaissais le mystère de la lumière dans la région supérieure, et ils me pressaient, disant: « Dis-nous les mystères de la lumière de la région supérieure » ; mais je ne savais pas ces mystères, et ils m'ont infligé tous ces maux, parce que j'ai été fidèle à la lumière de la région supérieure.

« Et je me suis assise dans les ténèbres, l'âme humiliée dans le deuil. Ô lumière, pour la cause de laquelle je célèbre des hymnes, sauve-moi. Je sais que tu me délivreras, parce que je faisais ta volonté, lorsque j'étais dans la région des éons. Je faisais ta volonté, comme les puissances invisibles qui sont dans mes régions, et je pleurais, en cherchant avec zèle ta lumière. Maintenant tous mes ennemis m'ont environnée, et se sont réjouis de mes maux, et sans miséricorde ils m'ont infligé de grandes afflictions. Ils ont grincé des dents contre moi, voulant m'enlever toute ma lumière. Jusques à quand, lumière, leur permettras-tu de m'affliger ? Délivre ma force de leurs mauvaises pensées et préserve-moi de la force à face de lion, parce que je suis seule dans ces régions: je te célèbre, lumière, me trouvant au milieu de tous ceux qui se sont réunis contre moi, et je crierai vers toi au milieu de tous ceux qui m'affligent. Et maintenant, lumière, qu'ils ne se réjouissent pas sur moi, me tourmentant et voulant m'enlever ma force. Tu as connu leur ruse, ô lumière ; ne permets pas que ton secours soit éloigné de moi. Hâte-toi, lumière, juge-moi et venge-moi, et juge-moi dans ta bonté. Ô lumière des lumières, que mes ennemis ne m'enlèvent pas ma lumière et qu'ils ne disent pas entre eux : Notre force est rassasiée de sa lumière ; et qu'ils ne disent pas : Nous avons dévoré sa force, mais que les ténèbres les environnent et qu'ils soient impuissants, ceux qui veulent m'enlever ma lumière ; qu'ils soient plongés dans le chaos et les ténèbres, ceux qui disent: nous avons enlevé sa lumière et sa force. Sauve-moi, pour que je sois dans l'allégresse, car j'aspire à la treizième région des éons, la région de la justice, et pour que je dise en tout temps : La lumière de Ieû, ton ange, ira en augmentant d'éclat, et ma langue chantera tes louanges tout le temps dans la treizième région des éons. »

Et quand Jésus eut dit ces paroles à ses disciples, il dit: « Que celui parmi vous qui comprend ce que j'ai dit en donne l'explication. » Et Jacques s'avança, et embrassa la poitrine de Jésus, et dit: « Seigneur, ton souffle m'a donné l'intelligence, et je suis prêt à donner l'explication de ce que tu as dit. C'est à ce sujet que ta force a jadis prophétisé par la voix de David dans le trente-quatrième psaume, lorsqu'il a parlé ainsi de la neuvième supplication de la Fidèle Sagesse: Juge, Seigneur, ceux qui m'ont fait tort ; combats contre ceux qui me combattent. »

Et quand Jacques eut ainsi parlé, Jésus dit: « C'est bien, Jacques, et tu as bien parlé ; c'est l'explication de la neuvième supplication de la Fidèle Sagesse ; en vérité, en vérité, je vous le dis ; vous entrerez plutôt dans le royaume des cieux que tous les invisibles, et tous les dieux et tous les archons qui sont avec le treizième éon et avec le douzième éon, et non seulement vous, mais chacun de ceux qui aura fait mes mystères. » Et lorsque le Sauveur eut ainsi parlé, il dit: « Comprenez-vous les paroles que je vous dis ? » Et Marie dit : « Seigneur, c'est ce que tu nous as dit autrefois, que les derniers seront les premiers et que les premiers seront les derniers. Les premiers qui ont été procréés avant nous sont les invisibles ; ils ont été avant le genre humain, et les dieux et les archons, et les hommes qui recevront les mystères, entreront les premiers dans le royaume des cieux. » Et Jésus dit: « C'est bien, Marie. »

Et Jésus continuant, dit à ses disciples: « Il arriva que lorsque la Fidèle Sagesse eut proféré sa neuvième supplication, la force au visage de lion la tourmenta derechef, voulant lui enlever sa force. Et elle s'adressa de nouveau à la lumière, poussant des cris et disant: « Lumière à laquelle j'ai cru dès le commencement, et pour la cause de laquelle j'ai éprouvé ces grandes douleurs, viens à mon secours. » Et sa prière fut alors entendue. Le premier mystère l'entendit, et je fus envoyé pour l'assister ; je vins pour l'aider, je la ramenai dans le chaos, parce qu'elle avait souffert de grandes peines et de grandes afflictions par suite de sa foi à la lumière. Je fus donc envoyé par le premier mystère pour la secourir en tout. Je n'étais pas encore venu dans le monde des éons, mais je vins au milieu d'eux tous, sans qu'aucun d'eux ne le sût ni ceux qui appartiennent à l'intérieur de l'intérieur, ni ceux qui appartiennent à l'extérieur de l'extérieur, et avec la connaissance du premier mystère seulement, et il arriva que, lorsque je fus venu dans le chaos pour l'aider, elle me vit, car je resplendissais d'une grande lumière, et j'étais miséricordieux à son égard, et je n'étais pas arrogant comme la force au visage de lion qui enleva la force et la lumière, à la Sagesse et qui la tourmenta pour lui enlever toute la lumière qui est en elle ; elle me vit en possession d'une lumière dix mille fois plus grande que la force au visage de lion, et elle comprit que je venais de la hauteur des régions supérieures dont elle avait eu foi en la lumière dès le commencement ; alors la Fidèle Sagesse eut confiance et dit la dixième supplication, disant: « J'ai crié derechef vers toi, lumière des lumières ; lorsque j'étais dans l'affliction, tu m'as entendue ; préserve ma force des lèvres injustes et des embûches trompeuses. Qu'ils ne me privent pas de la lumière qu'ils veulent m'enlever par leurs pièges perfides. Je suis entourée des pièges des orgueilleux et des embûches de ceux qui sont sans miséricorde ; malheur à moi, parce que ma demeure est éloignée et que je suis dans la demeure du chaos ; ma force n'est plus dans mes régions. J'ai parlé avec douceur à ces ennemis cruels, et tandis que je leur parlais avec douceur, ils m'ont attaquée sans motif. » Et quand Jésus eut ainsi parlé à ses disciples, il leur dit: « Maintenant, que celui que son souffle anime, qu'il avance afin qu'il dise l'explication de la dixième supplication de la Fidèle Sagesse. »

Et Pierre répondit et dit: « Seigneur, ta force de lumière a prophétisé à cet égard par la bouche de David, lorsqu'il dit, dans le cent dix-neuvième psaume: J'ai crié vers toi, Seigneur, dans mon affliction ; tu m'as entendu, Seigneur ; préserve mon âme des lèvres injustes et de la langue trompeuse. » Telle est, Seigneur, la solution de la dixième supplication de la Fidèle Sagesse, telle qu'elle l'a dite, lorsqu'elle était tourmentée par les émanations matérielles du triple pouvoir, ainsi que par la force à face de lion, et qu'ils la faisaient extrêmement souffrir. » Et Jésus dit: « C'est bien, Pierre, tu as bien parlé. C'est l'explication de la dixième supplication de la Fidèle Sagesse. »

Et Jésus, continuant de parler, dit à ses disciples: « Il advint que lorsque la force à face de lion venant vers la Fidèle Sagesse, s'approcha de moi, qui resplendissais d'une lumière immense, elle fut remplie de colère et elle projeta hors d'elle une autre multitude d'émanations très véhémentes. Alors la Fidèle Sagesse prononça la onzième supplication, disant: « Pourquoi la force se lève-t-elle pour faire du mal ? Sa pensée était d'enlever la lumière qui est en moi et comme de me frapper du glaive. J'ai préféré descendre dans le chaos que de rester dans la région du treizième éon, région de la justice. Et ils ont voulu me prendre par ruse, afin de dévorer toute ma lumière. C'est pourquoi la lumière leur enlèvera toute leur lumière, et détruira toute leur matière, et leur ôtera leur lumière, et ne les laissera pas rester avec le treizième éon, leur demeure, et elle ne laissera pas leurs noms parmi les noms des vivants, et les vingt-quatre émanations verront ce qui est arrivé à la force à face de lion, afin qu'ils craignent et qu'ils ne soient pas indociles, mais qu'ils donnent la pureté de leur lumière, et ils te verront afin qu'ils te glorifient et qu'ils disent : voici celui qui n'a pas donné la pureté de sa lumière afin d'être sauvé, mais qui s'est glorifié dans tout l'éclat de sa lumière et qui a dit: « J'enlèverai la lumière de la Fidèle Sagesse. » Et maintenant que celui dont la force est exaltée s'avance afin d'expliquer la onzième supplication de la Fidèle Sagesse. » Alors Salomé s'avança et dit: « Seigneur, ta force de lumière a prophétisé à cet égard par la bouche de David dans le cinquante et unième psaume, en disant: Pourquoi l'impie se glorifie-t-il de sa malice ? »

Et quand Jésus eut entendu ces paroles, il dit: « C'est bien, Salomé ; eu vérité, en vérité, je vous le dis ; je vous instruirai dans tous les mystères du royaume de la lumière. »

Et Jésus continuant de parler dit à ses disciples: « Je m'approchai ensuite du chaos, resplendissant d'une lumière immense, afin d'enlever sa lumière à la force à face de lion. Et, en apercevant ma lumière, elle eut peur et elle appela son dieu pour qu'il vînt la secourir. Et il fut rempli de colère, et la Fidèle Sagesse fut effrayée, et elle s'adressa derechef à moi, disant: Ne m'oublie pas, ô lumière ; mes ennemis ont ouvert leur bouche contre moi ; ils ont voulu m'enlever ma force, et ils ont eu de la haine pour moi, parce que je célébrai tes louanges et que je t'aimais. Qu'ils soient plongés dans les ténèbres extérieures ; enlève-leur leur force et ne leur permets pas de s'élever dans leurs régions. Que le chaos les enveloppe comme un vêtement. Aie pitié de moi, ô lumière, à cause du mystère de ton nom, et sauve-moi dans ta miséricorde. Viens à mon secours, car ma force est détruite, parce qu'il n'y a ici aucun mystère, et ma matière est liée, parce que ma lumière m'a été enlevée. Et maintenant que celui dont l'esprit est animé, avance et donne l'explication des paroles de la Fidèle Sagesse. »

Et André dit: « Seigneur, ta force de lumière a prophétisé jadis par la bouche de David à cet égard, lorsqu'il a dit dans le cent huitième psaume: Mon Dieu, ne garde pas le silence pour ma louange, parce que les pécheurs et les hommes perfides ont ouvert leur bouche contre moi. »

Et le premier mystère, continuant son discours, dit: « Il advint que comme je ne conduisais pas encore la Fidèle Sagesse dans le chaos, parce que je n'en avais pas encore reçu l'ordre de mon Père, les rejetons du triple pouvoir voyant la Fidèle Sagesse pourvue de lumière comme elle l'avait été dès le commencement, ils s'arrêtèrent contre la Fidèle Sagesse et ils appelèrent à grands cris le triple pouvoir pour qu'il les assistât et les secondât pour enlever de nouveau à la Sagesse les forces qui étaient en elle, et le triple pouvoir envoya une autre grande force de lumière descendant dans le chaos comme une flèche qui vole, afin d'assister ses rejetons pour qu'ils enlevassent la lumière à la Fidèle Sagesse une autre fois. Et lorsque cette force de lumière fut descendue, les rejetons du triple pouvoir qui sont dans le chaos furent remplis de confiance et ils poursuivirent de nouveau la Fidèle Sagesse qui était dans une grande terreur et un grand trouble, et ils la tourmentèrent cruellement ; un d'eux se changea sous la forme d'un grand serpent, un autre se changea sous la forme d'un basilic à sept têtes, un autre se changea sous la forme d'un dragon, et la première puissance du triple pouvoir avec une face de lion et les autres en très grand nombre, se mirent ensemble ; elles attaquèrent la Fidèle Sagesse et la conduisirent de nouveau dans les régions inférieures du chaos et la tourmentèrent beaucoup. Et en fuyant, elle vint dans les régions supérieures du chaos, et ils la poursuivirent, la tourmentant cruellement. Et Adamas le tyran regarda les douze régions des éons, et il fut aussi courroucé contre la Fidèle Sagesse, parce qu'elle voulait venir à la lumière des lumières qui est au-dessus d'eux tous. Et Adamas regarda, et il vit que les ennemis de la Fidèle Sagesse la tourmentaient jusqu'à ce qu'ils eussent enlevé toutes les lumières qui étaient en elle. Et il advint que lorsque la puissance du triple pouvoir eut descendu dans le chaos, elle rencontra la Fidèle Sagesse, et la force avec un visage de lion, et la force avec un visage de serpent, et la force avec un visage de basilic, et la force avec un visage de dragon, et toutes les forces du triple pouvoir entourèrent la Fidèle Sagesse, voulant lui enlever de nouveau ses forces.

« Et lorsqu'ils la tourmentaient et l'affligeaient, elle s'adressa de nouveau à la lumière, disant: « Lumière à laquelle je suis fidèle, que ta lumière vienne à moi, car tu es celle qui m'a pris en elle et tu me délivreras de mes persécuteurs. Et quand la Fidèle Sagesse eut parlé de la sorte, d'après l'ordre de mon père, j'envoyai Gabriel et Michel et les satellites de la lumière pour qu'ils portassent la Fidèle Sagesse sur leurs mains, afin que ses pieds ne touchassent pas aux ténèbres extérieures, et je leur ordonnai de la diriger dans les régions du chaos dans lesquelles ils devaient la conduire. Et lorsque les anges furent descendus dans le chaos, eux, et les émanations de la lumière, alors toutes les émanations du triple pouvoir et celles d'Adamas virent l'émanation de la lumière rendant une lumière immense, nulle espèce de lumière ne lui étant étrangère ; ils furent effrayés et ils laissèrent la Fidèle Sagesse, et une grande émanation de lumière entoura la Fidèle Sagesse de tous les côtés, à la droite et à la gauche, et une couronne de lumière se plaça sur sa tête. Et il advint que lorsque l'émanation de la lumière eut entouré la Fidèle Sagesse, elle fut pleine de confiance, et cette émanation ne cessa de l'entourer de tous côtés, et elle ne craignit plus tous les rejetons du triple pouvoir, et ils ne purent changer leur figure derechef, et ils ne purent soutenir l'éclat de la grande lumière qui formait la couronne de sa tête, une grande multitude d'entre eux tomba à sa droite et beaucoup d'autres à sa gauche, et ils ne pouvaient approcher de la Fidèle Sagesse à cause de la grande lumière qui l'environnait ; ils ne purent ainsi lui faire aucun mal, parce qu'elle croyait à la lumière, et d'après le commandement de mon Père, le premier mystère, je descendis dans le chaos, et j'attaquai la puissance à la face de lion qui était la plus grande lumière, et je lui enlevai toute sa lumière, et je frappai tous les rejetons du triple pouvoir, et ils tombèrent tous dans le chaos, sans puissance, et j'emmenai la Fidèle Sagesse à la droite de Gabriel et de Michel, et une grande émanation de lumière entra en elle, et elle contempla ses ennemis dont j'avais enlevé toute la lumière, et je la fis sortir du chaos foulant aux pieds les rejetons du triple pouvoir au visage de serpent, et elle foulait aussi aux pieds le rejeton au visage de basilic à sept têtes, et elle foulait aux pieds la puissance à la face de lion et celle à la face de dragon. Je fis rester la Fidèle Sagesse au-dessus de la puissance qui a la face d'un basilic à sept têtes et qui est la plus forte de toutes dans sa malice, et moi, le premier mystère, j'ai été sur elle, et j'ai enlevé toutes les forces qui sont-elles, et j'ai détruit toute sa matière, afin qu'il n'y ait pas de rejeton. » Et lorsque le premier mystère eut ainsi parlé à ses disciples, il s'écria: « Comprenez-vous de quelle manière je vous ai parlé ? » Et Jacques dit : « Seigneur, la force de la lumière a prophétisé jadis par la bouche de David au sujet de tes paroles ; car il est dit dans le quatre-vingt-dixième psaume: « Celui qui habite sous la protection du Très-Haut sera sous l'ombre du Dieu du ciel. »

« Écoute donc, et que je te dise en toute clarté la parole que ta force a dite par la bouche de David: « Celui qui habite dans l'aide du Très-Haut sera sous l'ombre du Dieu du ciel. »

« Lorsque la Sagesse se confiait à la lumière, elle fut sous la lumière de l'émanation de la lumière qui sortit de lui dans les régions supérieures, et la parole que ta force dit par la bouche de David: « Je dirai au Seigneur, tu es celui qui me reçut à lui, et mon Dieu est mon lieu de refuge ; je me suis confié en lui. »

« C'est la même parole que la Fidèle Sagesse chanta en son hymne : « Tu es celui qui me reçut vers lui et je viens vers toi. » Et la parole qui dit ta force: « Mon Dieu, je crois en toi ; tu me sauveras des pièges des chasseurs et des paroles des méchants », est la même que ce que dit la Fidèle Sagesse : « Lumière, je crois à toi, parce que tu me délivreras des rejetons du triple pouvoir et d'Adamas le tyran, et tu me délivreras de toutes les peines qui m'affligent. » La parole que tu as dite par la bouche de David: « Il couvrira ta poitrine de son ombre, et tu auras confiance sous ses ailes », est ceci: La Fidèle Sagesse est dans la lumière qui émane de la lumière qui sortit de toi, et elle persévéra, se confiant dans la lumière qui est à sa droite et à sa gauche, et qui sont les ailes de l'émanation de la lumière. Et la parole que la force de lumière prophétisa par la bouche de David: « La vérité t'entourera comme d'un bouclier. »

« C'est la lumière de l'émanation de la lumière qui environne la Fidèle Sagesse de tous côtés comme un bouclier. Et la parole qu'a dite ta force: « Il ne craindra pas la terreur de la nuit », signifie que la Fidèle Sagesse ne craignit pas les terreurs et les troubles dans lesquels elle avait été plongée dans le chaos qui est la nuit. Et la parole qu'a dite ta force : « Il ne craindra pas la flèche qui vole dans le jour », signifie que la Fidèle Sagesse n'a pas craint la force que la vérité envoya de la hauteur extrême et qui est dans le chaos comme une flèche volante. Ainsi ta force de lumière dit: « Tu ne craindras pas la flèche qui vole dans le jour. » C'est pourquoi quand cette force sortit du treizième éon, il est le maître des douze éons, et il est la lumière pour tous. C'est pourquoi il a dit: « Le jour. » Et cette autre parole qu'a dite la force de la lumière : « il ne craindra pas ce qui se promène dans les ténèbres », veut dire que la Sagesse n'a pas craint la force à face de serpent qui causait de l'effroi à la Fidèle Sagesse dans le chaos qui est lui-même les ténèbres. Et la parole qu'a dite la force: « Il ne craindra pas le démon de l'heure de midi », signifie que la Fidèle Sagesse n'a pas craint les démons rejetons d'Adamas le tyran, lesquels précipitèrent la Fidèle Sagesse dans un grand exil et qui sont sortis d'Adamas, le douzième éon. C'est pourquoi ta force a dit : « Il ne craindra pas le démon de l'heure de midi. » Et l'heure de midi est celle où elle sortit du douzième éon qui est l'heure de midi. Et elle sortit aussi du chaos qui est la nuit, et la nuit elle sortit du douzième éon qui est au milieu de chacun d'eux. C'est pourquoi ta force de lumière a dit : « l'heure de midi », parce que les douze éons sont au milieu entre le treizième éon et entre le chaos. Et la parole que ta force de lumière a dite par la bouche de David : « Mille tomberont à sa gauche, et des myriades à sa droite, et ils n'approcheront pas de lui », signifie qu'une multitude de rejetons du triple pouvoir n'auraient pu rester devant la grande lumière de l'émanation de la lumière ; une foule d'entre eux tomba à la gauche de la Fidèle Sagesse, et une foule d'entre eux tomba à sa droite, et ils ne pouvaient s'approcher d'elle.

« Et la parole que ta force de lumière dit par la bouche de David : « Tu les contempleras cependant, et tu verras le traitement des pécheurs, parce que tu es son espérance, Seigneur », signifie que la Fidèle Sagesse a contemplé ses ennemis qui ont tous été renversés à la fin, et non seulement elle les a vus ainsi, mais toi, Seigneur, le premier mystère, tu as enlevé la force de la lumière qui est dans la force à la face de lion, et tu as enlevé la force à tous les rejetons du triple pouvoir, et tu les as précipités dans le chaos, les empêchant de venir dans leurs régions ; c'est pourquoi la Fidèle Sagesse a contemplé ses ennemis ; elle les a contemplés renversés dans le chaos, et elle a vu aussi la rétribution qui leur a été faite. Ils avaient voulu enlever à la Sagesse sa lumière ; tu les as traités en conséquence, et tu leur as enlevé la lumière qui est en eux, au lieu des lumières de la Sagesse qui a été fidèle à la lumière des régions supérieures, et suivant la manière dont ta force de lumière s'était exprimée par la bouche de David: « Tu as pris un asile dans un lieu élevé, le mal ne t'approchera pas. » Ce qui signifie que lorsque la Fidèle Sagesse, ayant foi en la lumière, était affligée par ses ennemis, elle adressa une hymne à la lumière, et ils ne purent lui faire aucun mal, et ils ne purent approcher d'elle. Et la parole que la force de ta lumière dit par la bouche de David: « Il a commandé à ses anges de te guider dans toutes tes voies et de te porter dans leurs mains, de peur que tu ne frappes le pied contre une pierre », signifie ceci : Tu as commandé à Gabriel et Michel de conduire la Sagesse dans toutes les régions du chaos, jusqu'à ce qu'ils l'en aient ramenée, et de la porter dans leurs mains, afin que ses pieds ne touchent pas les ténèbres inférieures. Et la parole que ta force de lumière a dite par la bouche de David: « Tu marcheras sur le serpent et sur le basilic, et tu marcheras sur le serpent et sur le dragon, parce que tu as eu confiance en moi », signifie que lorsque la Fidèle Sagesse s'est élevée au-dessus du chaos, elle a marché sur les rejetons du triple pouvoir ; elle a marché sur ceux qui sont à face de serpent et sur ceux qui sont à face de basilic à sept têtes, et elle a marché sur la force à face de lion, et sur celle qui est à face de dragon, et comme elle fut fidèle à la lumière, elle a été préservée d'eux tous. Telle est, Seigneur, l'explication des paroles que tu as dites. » Et il advint que lorsque le premier mystère eut entendu ces paroles, il dit: « C'est bien, Jacques, que je chéris. »

Et le premier mystère continuant de parler dit à ses disciples: « Et il advint que lorsque j'eus reconduit la Fidèle Sagesse dans le chaos, elle s'écria derechef, disant: « Je suis préservée dans le chaos, et je suis délivrée des liens des ténèbres. Je suis venue vers toi, ô lumière, parce que tu as été la lumière, en me préservant et me protégeant de tous côtés, et ceux de mes ennemis qui combattent contre moi ont fui devant la lumière, et ils n'ont pu approcher de moi, parce que ta lumière était avec moi, et que l'émanation de ta lumière me protégeait, lorsque tous mes ennemis qui me tourmentaient m'avaient enlevé mes forces et m'avaient jetée, dépourvue de toute lumière, dans les enfers. Je fus comme une matière inerte devant eux. Et ensuite la force de ton émanation vint de toi vers moi pour me sauver. Elle brilla à ma gauche, et elle brilla à ma droite, et elle m'entourait de toute part, et nulle des régions moyennes où j'étais n'était sans lumière. Tu purifiais en moi toutes mes matières mauvaises, et je fus au-dessus de toutes mes matières à cause de ta lumière et à cause de l'émanation de ta lumière. Je me confiai en ta lumière, et la lumière pure de ton émanation me secourut, et mes ennemis qui me tourmentaient furent éloignés de moi. » Tel est le cantique que dit la Fidèle Sagesse lorsqu'elle fut délivrée des liens du chaos. Et maintenant que celui-là entende qui a des oreilles pour entendre. »

Et quand le premier mystère eut achevé de dire ces paroles, Thomas s'avança et dit: « Seigneur, mes oreilles ont reçu la lumière, et mon intelligence comprend les paroles que tu as dites. Permets-moi de donner l'explication des paroles qu'a dite la Fidèle Sagesse. »

Et le premier mystère répondant à Thomas, dit : « Je te permets de donner l'explication de l'hymne que m'adressa la Fidèle Sagesse. » Et Thomas dit: « Seigneur, quant à l'hymne que t'adressa la Fidèle Sagesse lorsqu'elle fut délivrée du chaos, ta force de lumière a jadis prophétisé par la bouche de Salomon, fils de David, lorsqu'il a dit dans son ode: « J'ai été préservé des chaînes qui me menaçaient. J'ai fui vers toi, Seigneur, parce que tu as été la main qui m'a protégé et défendu, m'assistant contre ceux qui combattaient contre moi, et ils ne se sont pas montrés, parce que ta face était avec moi, me défendant par un effet de ta grâce. J'ai été frappé et vilipendé devant la multitude, et ils m'ont rejeté. J'ai été comme du plomb devant eux. Mais ta force est venue à mon secours, car tu as posé des lampes à ma droite et à ma gauche, afin qu'autour de moi nul ne manquât de lumière. Tu m'as couvert de l'ombre de ta miséricorde, et j'ai été sur les vêtements de peaux[12]. Ta main droite m'a élevé, et tu m'as guéri de mon infirmité. Je suis devenu fort par ta vérité, et j'ai été sacrifié pour ta justice. Ceux qui combattaient contre moi ont été éloignés, et j'ai été justifié par ta bonté en ton repos et pour l'éternité. » Voilà, Seigneur, l'explication du cantique qu'a dit la Fidèle Sagesse. » Et le premier mystère, après avoir entendu les paroles qu'avait dites Thomas, lui répondit: « C'est bien, Thomas, et grand est ton bonheur ; c'est l'explication de l'hymne qu'a dit la Fidèle Sagesse. »

Et le premier mystère, continuant de parler, dit à ses disciples: « La Fidèle Sagesse m'adressa ensuite un autre hymne, disant: « J'élève derechef ma voix vers toi. Tu m'as retirée de la région élevée des éons qui est au-dessus du ciel, et tu m'as conduite aux régions inférieures, et tu m'as délivrée des régions inférieures, et tu as enlevé la matière qui est dans mes forces, et tu as éloigné de moi les émanations du triple pouvoir qui me tourmentaient et qui étaient mes ennemis, et tu m'as donné ton assistance pour que je fusse délivrée des chaînes d'Adamas et pour que je puisse vaincre le basilic à sept têtes. Tu l'as renversé par mes mains et tu m'as placée au-dessus de sa matière. Tu l'as détruite pour que sa race ne surgît pas depuis ; tu es resté avec moi, me donnant de la force, et ta lumière m'a entourée de toutes les régions et tu as rendu sans puissance toutes les émanations du triple pouvoir, car tu leur as enlevé la force de leur lumière, et tu as dirigé mes voies pour me tirer du chaos, et tu m'as fait sortir des ténèbres matérielles, et tu as retiré toutes mes forces de ceux dont tu as enlevé la lumière. Tu as jeté en elles une lumière pure, et tu as donné une lumière pure venant de la lumière des régions supérieures à toutes les parties de mon être qui n'avaient aucune lumière, et la lumière de ta face est devenue pour moi la vie. Tu m'as ramenée au-dessus du chaos, afin que toutes les matières qui sont dans ses régions soient dissoutes, et afin que ta lumière renouvelle toutes mes forces, et qu'elle soit dans elles toutes. Tu as mis en moi la lumière de ton émanation. Je suis devenue une lumière purifiée. » Telle est la seconde hymne que dit la Fidèle Sagesse. Et que celui qui comprend ce cantique avance afin qu'il l'explique. »

Et lorsque le premier mystère eut fini de dire ces paroles, Mathieu s'avança et dit: « Je connais l'explication de l'hymne qu'a dite la Fidèle Sagesse ; permets-moi de te l'exposer en toute clarté. » Et le premier mystère répondit: « Je te le promets, Mathieu ; donne l'explication de l'hymne qu'a dite la Fidèle Sagesse. » Et Mathieu dit: « Quant à l'explication de l'hymne qu'a dite la Fidèle Sagesse, ta force de lumière a prophétisé jadis par la bouche de Salomon dans une de ses odes: « Il m'a conduit dans les lieux élevés au-dessus du ciel, et il m'a conduit dans les lieux qui sont dans les fondements inférieurs, et il a dispersé mes ennemis et mes adversaires ; il m'a donné la puissance de rompre mes chaînes, et il a vaincu, par mes mains, le serpent à sept têtes. Il m'a placé sur sa racine, afin que je détruisisse sa race ; tu étais avec moi, Seigneur, me protégeant, et ton nom m'a entouré en tout lieu. Ta clarté a détruit la vision de celui qui parle méchamment. Ta main a tapissé la voie pour ceux qui te sont fidèles. Tu les as rachetés du sépulcre, et tu les as transportés au milieu des cadavres. Tu as pris les os des morts, tu les as revêtus de chair, et tu as donné à ceux qui ne remuaient pas l'énergie et la vie. Tu as conduit les éons à leur perte, afin qu'ils fussent tous détruits, et qu'ils devinssent nouveaux et pour que ta lumière fût doublée pour eux tous. Tu as construit ta richesse par leur moyen et ils sont devenus la résidence des saints. » Voilà, Seigneur, l'explication de l'hymne qu'a dite la Fidèle Sagesse. » Et quand le premier mystère eut entendu les paroles qu'avait dites Mathieu, il dit: « C'est bien, Mathieu, toi que je chéris ; c'est l'explication de l'hymne qu'a dite la Fidèle Sagesse. »

Et le premier mystère continuant de parler dit: « La Sagesse adressa ensuite cet hymne: « Je dirai, tu es la lumière élevée qui m'a délivrée et m'a conduite vers toi, et tu n'as pas laissé les émanations du triple pouvoir m'enlever ma lumière ; ils sont mes ennemis, ô lumière des lumières ; j'élève vers toi mes cantiques. Tu m'as délivrée, lumière ; tu as élevé ma force dans le chaos ; tu m'as délivrée de ceux qui descendent dans les ténèbres. » Voilà les paroles que dit la Fidèle Sagesse. Et maintenant que celui dont l'intelligence peut comprendre les paroles que dit la Fidèle Sagesse avance, et qu'il en donne l'explication. » Et quand le premier mystère eut fini de dire ces paroles à ses disciples, Marie avança, et dit: « Seigneur, je comprends ce que tu viens de nous dire et je puis expliquer les paroles de la Fidèle Sagesse ; mais je crains Pierre, parce qu'il m'intimide et qu'il a de la haine pour notre sexe. » Et quand Marie eut parlé de la sorte, le premier mystère lui dit: « Personne ne pourra nuire à chacun de ceux, qui, rempli de l'intelligence de la lumière, s'avancera pour expliquer ce que je dis. Et maintenant, Marie, donne l'explication des paroles que prononça la Fidèle Sagesse. »

Et Marie, répondant au premier mystère, dit au milieu des disciples: « Seigneur, ta force de lumière a prophétisé jadis par la bouche de David au sujet de l'explication des paroles qu'a dites la Fidèle Sagesse: « Je t'élèverai, Seigneur, parce que tu m'as reçu vers toi... tu as sauvé ceux qui descendaient dans le tombeau. »

Et quand Marie eut ainsi parlé, le premier mystère lui dit: « C'est bien, Marie, tu es heureuse. » Et continuant de parler, il dit à ses disciples: « La Fidèle Sagesse prononça ensuite cette hymne : « La lumière a été ma libératrice et elle a changé mes ténèbres en lumière, elle a entrouvert le chaos qui m'entourait ; elle m'a ceinte de lumière. » Et quand le premier mystère eut prononcé ces paroles, Marthe avança et dit: « Seigneur, ta force a prophétisé jadis à l'égard de ces paroles par la bouche de David: « Je te célébrerai, Seigneur, parce que tu m'as reçu vers toi. »

Et quand le premier mystère eut entendu les paroles que disait Marthe, il dit: « C'est bien, Marthe. » Et continuant de s'adresser à ses disciples, il dit: « La Fidèle Sagesse continua de réciter des hymnes et elle dit: « Ma force célèbre les louanges de la lumière ; n'oublie pas toutes les forces de la lumière qu'elle t'a données et toutes les forces qui sont à toi ; j'adresse une hymne au nom de son mystère saint qui a remis toutes tes fautes et qui te protège contre toutes les afflictions dont tes ennemis t'affligeaient ; il a délivré ta lumière de tes persécuteurs, qui étaient acharnés à te nuire ; il t'a donné la couronne de lumière dans sa miséricorde ; il t'a délivrée et remplie d'une lumière pure. » Et le premier mystère, ayant dit ces mots, dit: « Que celui qui peut donner l'explication de ces paroles, avance et qu'il la donne clairement. » Et Marie s'avança et dit: « Seigneur, ta force de lumière a prophétisé jadis en ces termes par la bouche de David au sujet des paroles qu'a dites la Fidèle Sagesse: « Que mon âme loue le Seigneur, et que tout ce qui est en moi loue le Seigneur. » Et quand le premier mystère eut entendu les paroles que dit Marie, il dit: « C'est bien, ô Marie, tu es heureuse. » Et ensuite, continuant de parler, le premier mystère dit à ses disciples: « Portant la Fidèle Sagesse, je la conduisis dans les régions qui sont au-dessous du treizième éon, et je lui donnai le nouveau mystère de la lumière, et je lui donnai l'hymne de la lumière pour que les archons des éons ne l'emportassent pas sur elle depuis cette heure, et je la mis dans cette place jusqu'à ce que, venant à elle, je la conduisis à sa place qui est dans les régions supérieures. Et lorsque je l'eus mise en cette place, elle adressa une autre hymne, s'exprimant de cette manière: « Je suis fidèle à la lumière et je la loue, parce que, se souvenant de moi, elle a entendu mon hymne. Elle a tiré ma force du chaos et des ténèbres de toute la matière, et, me conduisant en haut, elle m'a placée dans une région élevée et ferme ; elle m'a mise dans la voie qui conduit à ma place, et elle m'a donné le nouveau mystère, elle m'a donné l'hymne de la lumière. Maintenant, lumière, tous les marchons verra ce que tu as fait à mon égard, afin qu'ils craignent et qu'ils soient fidèles à la lumière. » Tel est l'hymne que dit la Fidèle Sagesse, pleine d'allégresse d'avoir été retirée du chaos et d'avoir été conduite dans la région qui est au-dessous du treizième éon. Et maintenant, que celui que son intelligence anime, et qui comprend l'explication de l'hymne qu'a dite la Fidèle Sagesse, s'avance pour le dire. » Et André avança et dit: « Seigneur, ta force de lumière a jadis prophétisé à cet égard par la bouche de David, lorsqu'il a dit: « Le Seigneur a entendu ma prière ; il a conduit mon âme hors du tombeau. »

Et lorsqu'André eut donné l'explication des paroles de la Fidèle Sagesse, le premier mystère lui dit: « C'est bien, André ; tu es heureux. » Et continuant de parler, il dit à ses disciples: « Telles sont toutes les choses qui sont advenues à la Fidèle Sagesse. Et lorsque je l'eus conduite dans les régions qui sont au-dessous du treizième éon, m'étant approché de la lumière, elle me dit : « Lumière des lumières, rends-toi vers la lumière afin que tu te sépares de moi, et qu'Adamas le tyran sache que tu t'es séparée de moi, et qu'il ne sache pas qui doit me délivrer. Car il est venu vers moi dans cette région, lui et tous les archons qui me haïssent, ainsi que le triple pouvoir qui donnera la puissance à la force à face de lion, pour qu'ils viennent tous me tourmenter et qu'ils m'enlèvent toute ma lumière, et qu'ainsi je devienne sans puissance et que je me trouve privée de lumière. Et maintenant, lumière et ma lumière, ôte-leur la force de leur lumière, afin qu'ils ne puissent plus m'affliger dès cette heure. »

« Et lorsque j'entendis les paroles que disait la Fidèle Sagesse, je lui répondis: « Mon Père qui m'a procréé, ne m'a pas encore permis de leur enlever leur lumière ; mais je scellerai les régions du triple pouvoir de tous ces archons qui te haïssent, parce que tu as été fidèle à la lumière ; et je scellerai aussi les régions d'Adamas et de ses archons, pour qu'ils n'aient pas la force de combattre contre toi, jusqu'à ce que leur temps soit accompli, et jusqu'à ce que le moment soit venu pour que mon Père me permette de leur enlever leur lumière. » Et je lui dis ensuite: « Écoute que je te fasse connaître leur temps et quand arriveront les choses que je te dis: elles arriveront lorsque trois temps auront été accomplis. » Et la Fidèle Sagesse me répondit: « Lumière, fais que je sache quand les trois temps seront accomplis, afin que je me réjouisse et que je sois dans l'allégresse lorsqu'approchera le temps où tu dois me conduire dans l'endroit qui est à moi, et je me réjouirai aussi de ce que le temps approchera où tu ôteras la lumière à tous ceux qui me haïssent, parce que j'ai été fidèle à ta lumière. » Et je répondis: « Quand tu verras la porte du trésor de la grande lumière qui sera ouverte au treizième éon et qui est à gauche, quand ils auront ouvert cette porte, les temps seront accomplis. » Et la Sagesse répondit: « Lumière, comment, étant dans les lieux où je suis, saurai-je que cette porte est ouverte ? » Et je lui répondis: « Lorsqu'ils ouvriront cette porte, tous ceux qui sont dans toutes les régions aérées le sauront à cause de la grande lumière qui se répandra dans toutes leurs régions, et j'ai disposé ces portes pour que tes ennemis ne puissent te faire aucun mal jusqu'à ce que les trois temps soient accomplis. Tu auras la faculté d'aller chez leurs douze éons au temps que tu voudras et de revenir pour retourner dans ton lieu qui est au-dessous de la treizième région des éons, et dans lequel tu es maintenant ; mais tu n'auras pas la faculté d'entrer dans la porte des régions supérieures qui est dans le treizième éon, pour entrer dans ton lieu d'où tu es sortie. Quand les trois temps seront accomplis, tes ennemis te tourmenteront de nouveau avec tous leurs archons pour t'enlever la lumière, étant irrités contre toi et pensant que tu t'es emparée de leur force dans le chaos, et croyant que tu leur as enlevé leur lumière. Ils t'attaqueront donc afin de t'enlever ta lumière, pour la mettre dans le chaos et pour la donner à leurs créatures, pour qu'elles puissent sortir du chaos et venir en leur région. Adamas les assistera, mais je leur enlèverai toutes leurs forces, je te les donnerai et je viendrai pour que tu les prennes.

Lorsqu'ils te tourmenteront, alors adresse une hymne à la lumière, et je ne différerai pas de t'assister, et je viendrai promptement vers toi des lieux qui sont au-dessous de toi ; je leur enlèverai leur lumière, et du lieu où je t'ai placée, au-dessous de la treizième région des éons, je te conduirai jusqu'au lieu d'où tu es sortie. » Et quand la Fidèle Sagesse eut entendu ces paroles que je lui dis, elle fut remplie d'une allégresse extrême. Et, la laissant clans la région qui est au-dessous de la treizième région des éons, je me séparai d'elle et je vins vers la lumière. »

Le premier mystère dit ainsi à ses disciples toutes les choses qui étaient arrivées à la Fidèle Sagesse, et il était assis au milieu d'eux sur le mont des Oliviers, leur montrant toutes ces choses. Et continuant de parler, il dit: « Il arriva ensuite que, lorsque j'étais assis auprès de la voie qui mène en ce lieu, c'est-à-dire à la montagne des Oliviers, avant que m'eût été envoyé mon vêtement dont je me revêtis dans le vingt-quatrième mystère, et je n'étais pas encore venu dans les régions supérieures pour recevoir mes deux vêtements, étant assis près de vous en ce lieu qui est la montagne des Oliviers ; et le temps que j'avais indiqué à la Fidèle Sagesse fut accompli, temps auquel Adamas avec tous ses archons devait la tourmenter. Et quand ce temps fut accompli, j'étais dans le monde du genre humain ; étant auprès de vous en ce lieu, Adamas regarda du haut des douze éons dans les régions du chaos, et il vit sa force, qui est dans le chaos entièrement dépourvue de lumière, parce que je lui avais ôté sa lumière ; et il vit qu'elle était obscure et qu'elle ne pouvait parvenir à sa place, qui est les douze éons. Adamas se souvint de la Fidèle Sagesse, et il fut irrité extrêmement contre elle, pensant qu'elle s'était emparée de sa force dans le chaos et croyant qu'elle lui avait enlevé sa lumière ; et il prit avec lui une foule de ses archons, et ils poursuivirent la Sagesse pour la rejeter dans le chaos. Et elle éleva sa voix vers moi, implorant mon assistance et disant: « Lumière des lumières, je mets ma confiance en toi ; délivre-moi de mes ennemis et ne souffre pas qu'ils m'enlèvent ma lumière. Élève ma force au-dessus de mes ennemis qui se sont déclarés contre moi sans me laisser de trêve. Hâte-toi et secours-moi ainsi que tu me l'as promis. »

Et quand le premier mystère eut achevé de dire ces paroles, il dit: « Que celui qui comprend les paroles qu'a dites la Fidèle Sagesse, s'avance afin d'en donner l'explication. » Et Jacques s'avança et dit: « Seigneur, ta force de lumière a jadis prophétisé par la bouche de David au sujet des paroles de la Fidèle Sagesse, lorsqu'il a dit dans le septième psaume: « Seigneur, mon Dieu, je crois en toi, protège-moi contre mes persécuteurs. »

Et quand le premier mystère eut entendu les paroles que dit Jacques, il dit: « C'est bien Jacques que je chéris. »

Et Jésus continua et dit: « Il arriva que, lorsque la Fidèle Sagesse eut achevé de dire les paroles de cette hymne, elle se tourna en arrière pour voir si Adamas se retournerait avec ses archons, pour qu'ils vinssent dans leur région, et elle les vit qui la poursuivaient ; elle se retourna vers eux et leur dit: « Pourquoi me persécutez-vous, disant que je ne recevrai nul secours afin que je sois délivrée de vous ? Maintenant mon défenseur est juste, et sa lumière est puissante, et il m'assistera jusqu'au temps qu'il a fixé ; car il m'a dit: « Je viens pour te secourir » ; et il étendra sa colère sur vous en tout temps, et c'est le temps qu'il m'a indiqué. Maintenant, si vous ne retournez en arrière et si vous ne cessez de me poursuivre, la lumière préparera sa force ; elle préparera toutes ses forces pour vous enlever votre lumière, et vous serez dans l'obscurité. Et elle a procréé ses forces pour vous enlever votre force, afin que vous périssiez. » Quand la Fidèle Sagesse eut ainsi parlé, regardant dans la région d'Adamas, elle vit cette région obscure et le chaos qu'il avait procréé ; et elle vit aussi deux proboles obscures très cruelles qu'Adamas avait procréées pour qu'elles saisissent la Fidèle Sagesse et qu'elles la conduisissent dans le chaos qu'il procréa, afin qu'elles la tourmentassent dans cette région jusqu'à ce qu'elles lui eussent enlevé sa lumière.

« Et il advint que, lorsque la Fidèle Sagesse vit ces deux proboles obscures et cruelles et cette région obscure qu'avait procréée Adamas, elle fut effrayée et s'adressa à la lumière, en s'écriant: « Lumière, voici qu'Adamas, le fauteur de l'injuste, s'est irrité ; il a procréé une probole obscure et une seconde probole, et il a procréé le chaos. Et maintenant, ô lumière, enlève-lui le chaos qu'il a créé pour m'y mettre en me privant de ma lumière, et détruis la résolution qu'il a prise de m'enlever ma lumière. Et en punition de son injustice de vouloir m'enlever ma lumière, ôte-lui toutes les siennes. » Telles sont les paroles que dit la Fidèle Sagesse dans son hymne. Et maintenant, que celui qui a l'intelligence avance, afin de donner l'explication des paroles qu'a dites la Fidèle Sagesse en son hymne. » Et Marthe, s'avançant, dit: « Seigneur, j'ai l'intelligence des paroles que tu as dites. Permets-moi d'en donner l'explication avec clarté. » Et le premier mystère, répondant à Marthe, lui dit: « Je te permets, Marthe, afin de donner l'explication des paroles qu'a prononcées la Sagesse dans son hymne. » Et Marthe dit : « Seigneur, ce sont les paroles que ta puissance de lumière a prophétisées jadis par la bouche de David dans le septième psaume: « Mon Dieu est un juge véritable, fort et compatissant ; si vous ne vous convertissez pas, il aiguisera son glaive ; il tendra son arc et il le préparera, et ses flèches vous consumeront. » Et quand Marthe eut fini, le premier mystère lui dit en la regardant: « C'est bien, Marthe, tu as bien parlé, tu es heureuse. »

Et il advint que lorsque Jésus eut fini de dire à ses disciples tout ce qu'avait éprouvé la Fidèle Sagesse lorsqu'elle était précipitée dans le chaos, et la manière dont elle adressait des hymnes à la lumière pour que celle-ci voulût la sauver et la tirer du chaos, l'introduisant dans la douzième région des éons, et la manière dont la lumière la protégea dans toutes les afflictions que lui avaient infligées les archons du chaos, parce qu'elle s'efforçait de venir à la lumière, Jésus, continuant ensuite son discours, dit à ses disciples: « Il advint ensuite que portant la Fidèle Sagesse, je l'introduisis dans la treizième région des éons, où était une lumière immense et supérieure à toute autre lumière, et je l'introduisis dans la région du vingt-quatrième invisible, où était une lumière immense, et ils furent troublés en voyant la Sagesse qui était avec moi ; ils la connurent, mais ils ne connurent pas qui j'étais, mais ils me regardaient comme l'émission de la région de la lumière. Et quand la Sagesse vit ses compagnons invisibles, elle fut remplie d'une allégresse extrême, et voulut leur montrer les miracles que j'avais faits pour elle depuis la terre de l'humanité jusqu'à ce que je l'eusse délivrée. Montant au milieu des invisibles, elle m'adressa une hymne au milieu d'eux, disant : « Je déclarerai devant toi, lumière, que tu es le Sauveur et le Rédempteur en tout temps. J'entonnerai une hymne à la louange de la lumière qui m'a protégée et qui m'a délivrée de la main des archons, mes ennemis, et tu m'as délivrée dans toutes les régions ; tu m'as délivrée dans les régions supérieures comme dans le fond du chaos, et dans les sphères des archons des éons, et lorsque j'étais descendue de la hauteur, je m'étais égarée dans des régions où il n'y a nulle lumière. Je n'ai pu me tourner vers toi dans la treizième région, ma demeure, parce qu'il n'y a en moi aucune lumière, ni aucune force ; ma force est accablée par l'affliction. Et la lumière m'a protégée dans toutes mes peines ; elle m'a entendue lorsque j'étais livrée à mes ennemis ; elle m'a indiqué la voie dans la région des éons pour me conduire à la treizième région des éons, ma demeure. Je te rendrai témoignage, ô lumière, parce que tu m'as sauvée, et je célébrerai tes miracles dans la race de l'humanité. Lorsque j'étais privée de ma force, tu m'as donné la force, et lorsque je manquais de lumière, tu m'as remplie d'une lumière pure. J'ai été dans les ténèbres et dans l'ombre du chaos. J'ai été liée par des chaînes dures dans le chaos où il n'y a nulle lumière, parce que j'ai enfreint l'ordre de la lumière et que je l'ai courroucée par ma désobéissance, en sortant de la place qui m'appartenait.

Et quand je fus descendue, je fus privée de ma force et je fus sans lumière. Et personne ne me secourut, et lorsque mes ennemis me tourmentaient, je m'adressai à la lumière, et elle me protégea contre tous mes ennemis ; elle brisa tous mes liens ; elle me tira des ténèbres et de l'affliction du chaos. Je te célébrerai, lumière, parce que tu m'as sauvée, et les miracles se sont montrés dans la race de l'humanité, et tu as brisé les portes élevées des ténèbres et les durs leviers du chaos, et lorsque mes ennemis me tourmentaient, j'ai adressé une hymne à la lumière, et elle m'a défendue contre tous mes persécuteurs. Envoyant ton émanation vers moi, tu m'as donné de la force, elle m'a délivrée de toutes mes afflictions. Je te célébrerai, lumière, parce que tu m'as sauvée, et parce que tu as fait des miracles dans la race de l'humanité. »

« Telle est l'hymne que dit la Fidèle Sagesse étant au milieu du vingt-quatrième invisible, voulant leur faire savoir tous les miracles que j'avais faits pour elle, et voulant leur faire savoir qu'en venant dans le monde de l'humanité, je leur avais donné les mystères des régions supérieures. Maintenant que celui qui est élevé en son intelligence vienne, afin de dire l'explication de l'hymne qu'a dite la Fidèle Sagesse. »

Et lorsque Jésus eut fini de dire ces paroles, Philippe dit: « Jésus, mon Seigneur, haute est ma pensée, et je comprends l'explication de l'hymne qu'a dite la Sagesse. C'est à ce sujet que jadis le prophète David a prophétisé, disant dans le cent sixième psaume. « Rendez témoignage au Seigneur, parce qu'il est compatissant, et parce que sa miséricorde s'étend jusque dans l'éternité. »

« Voilà, Seigneur, l'explication de l'hymne que dit la Sagesse. » Et quand Jésus eut entendu les paroles que disait Philippe, il dit: « C'est bien, Philippe, tu es heureux ; c'est l'explication de l'hymne qu'a dite la Sagesse. »

Et après toutes ces choses, Marie s'avança et adora

les pieds de Jésus, en disant: « Seigneur, ne te fâche pas si je t'interroge, parce que nous nous informons de toute chose avec zèle et avec empressement. Tu nous as dit jadis : Cherchez et vous trouverez ; appelez et on vous ouvrira. Maintenant, Seigneur, quel est celui que je trouverai, ou quel est celui que nous appellerons ? ou quel est celui qui a le pouvoir de nous donner l'explication des paroles au sujet desquelles nous t'interrogeons ? Tu nous as donné la connaissance de la lumière, et tu nous as révélé des choses sublimes. Il n'y a personne dans le monde du genre humain qui ait cette connaissance, il n'y a personne dans les régions supérieures des éons qui ait la force de nous enseigner le sens des paroles que tu dis ; toi seul, sachant tout, et parfait en toute chose, peux le faire ; c'est pourquoi je ne m'enquiers point de ces choses comme le font les hommes du monde, mais nous la cherchons dans la connaissance des régions supérieures que tu nous as donnée, et nous la cherchons aussi dans le lieu de l'explication parfaite que tu nous as enseignée. Maintenant, Seigneur, ne te fâche pas contre moi, mais révèle-moi la parole au sujet de laquelle je t'interroge. » Et quand Jésus eut entendu les paroles qu'avait dites Marie-Madeleine, il lui répondit: « Demande ce que tu veux demander, et je te révélerai avec empressement et vérité ce que tu devras faire ; en vérité, en vérité, je vous le dis, livrez-vous à une grande joie et soyez dans une extrême allégresse, vous informant avec empressement de toutes choses, et je me réjouirai lorsque vous vous informerez avec zèle de ce qu'il vous convient de savoir. Demande ce que tu désires connaître, et je te le révélerai avec joie. »

Lorsque Marie eut entendu les paroles que dit le Sauveur, elle éprouva une grande allégresse, et elle se réjouit extrêmement, disant à Jésus : « Mon Sauveur et Seigneur, de quelle manière sont les vingt-quatre invisibles, et comment sont leurs régions, et de quelle espèce sont-ils, ou de quelle espèce est leur lumière ? » Et Jésus répondit à Marie: « Qu'y a-t-il en ce monde qui soit semblable à eux ? ou quel est en ce monde le lieu qui est semblable à eux ? À quoi les comparerai-je, ou qu'est-ce que je dirai d'eux ? Il n'y a en ce monde aucun objet auquel je les comparerai, et il n'y a nulle chose qui puisse s'y assimiler, car il n'y a rien en ce monde qui soit de l'espèce du ciel. En vérité, je vous le dis, chaque invisible est plus grand que le ciel et que la sphère qui est au-dessus de lui, et il n'y a nulle lumière en ce monde plus éclatante que la lumière du soleil ; mais en vérité, en vérité, je vous le dis, les vingt-quatre invisibles sont d'une lumière plus éclatante dix mille fois que la lumière du soleil qui est en ce monde, selon la manière que je vous ai dite une autre fois, et la lumière du grand ancêtre invisible est dix mille fois plus grande que la lumière des invisibles, ainsi que je vous l'ai dit. Mais encore un peu de temps, et je te conduirai, toi et tes frères qui comme toi sont mes disciples, dans tous les lieux des régions supérieures, et je vous conduirai dans les trois emplacements du premier mystère jusqu'au lieu unique du séjour de l'Ineffable. Et vous verrez toutes ses formes dans la réalité, elles qui n'ont pas de pareilles, et quand je vous aurai conduits dans les régions supérieures, vous verrez la gloire de ceux qui appartiennent aux régions supérieures, et vous serez dans une admiration extrême, et quand je vous conduirai dans la région des archons de l'heimarméné, vous verrez la gloire dans laquelle ils sont, et vous regarderez le monde qui est devant vous comme l'obscurité de l'obscurité, et lorsque vous regarderez tout le monde du genre humain, il vous paraîtra comme un grain de poussière, à cause de la distance énorme qui vous séparera de lui : Et quand je vous aurai conduit vers les douze éons, vous verrez la gloire dans laquelle ils sont, et à cause de cette gloire, la région des archons de l'heimarméné vous paraîtra comme l'obscurité des ténèbres et elle sera devant moi comme un grain de poussière à cause de la grande distance qui la sépare d'elle, ainsi que je vous l'ai dit.

« Et lorsque je vous aurai conduits à la treizième région des éons et que vous verrez sa gloire, les douze régions des éons vous paraîtront comme l'obscurité des ténèbres, et quand vous verrez les douze éons, ils vous paraîtront comme un grain de poussière à cause de la grande distance qui les sépare, et de son éclat qui est bien supérieur au sien.

« Et quand je vous aurai conduits aux régions du milieu et que vous verrez la gloire qui y brille, la treizième région des éons vous semblera l'obscurité des ténèbres, et lorsque de là vous regarderez les douze éons, eux et leurs sphères, et tout ce qui les accompagne, paraîtront comme un grain de poussière devant vous, à cause de la grande distance qu'il y a entre eux et la grande supériorité qu'il y a au-dessus d'eux.

« Et quand je vous aurai conduits aux régions de ceux qui appartiennent à la droite et que vous verrez la gloire dans laquelle ils sont, les régions de ceux qui appartiennent au milieu vous paraîtront comme la nuit qui est dans le monde du genre humain, et lorsque vous regarderez le milieu, il sera à vos yeux comme un grain de poussière, à cause de la grande distance qu'il y a entre lui et les régions de ceux qui appartiennent à la droite ; et quand je vous aurai conduits à la terre de lumière où est le trésor de la lumière, pour que vous voyiez la gloire dans laquelle ils sont, les régions de ceux qui appartiennent à la droite vous paraîtront comme la lumière du midi dans le monde du genre humain, quand le soleil ne l'illumine pas ; et lorsque vous aurez regardé les régions de ceux qui appartiennent à la droite, ils paraîtront comme un grain de poussière devant vous à cause de la grande distance qui les sépare du trésor de la lumière, et lorsque je vous conduirai dans les régions qui sont le partage de ceux qui ont reçu les mystères de la lumière, pour que vous voyiez la gloire de la lumière dans laquelle ils sont, la terre de la lumière vous paraîtra semblable à la lumière du soleil qui est dans le monde du genre humain ; et lorsque vous regarderez la terre de la lumière, elle vous paraîtra comme un grain de poussière, à cause de la grande distance qui la sépare de la terre de la lumière et de la grandeur qui est bien supérieure. »

Et lorsque Jésus eut cessé de dire ces paroles à ses disciples, Marie-Madeleine s'avança et dit: « Seigneur, ne te fâche pas contre moi si je t'interroge, parce que nous nous informons avec empressement de toutes choses. » Et Jésus répondit à Marie : « Demande ce que tu veux demander, et je te le révélerai clairement, sans parabole, et je te dirai toutes les choses dont vous vous informerez depuis l'intérieur des intérieurs jusqu'à l'extérieur des extérieurs, et depuis l'Ineffable jusqu'à l'obscurité des ténèbres, afin que vous ayez de toutes ces choses une connaissance entière. Ainsi, Marie, informe-moi de ce que tu veux savoir, et je te le révélerai avec beaucoup de joie et d'allégresse » et elle dit: « Seigneur, est-ce que les hommes du monde, qui auront reçu les mystères de la lumière, seront plus élevés que les proboles du trésor de la lumière dans ton royaume, car je t'ai entendu dire: Lorsque je vous aurai conduits dans les régions de ceux qui reçoivent les mystères, la région de la terre de la lumière vous paraîtra comme un grain de poussière, à cause de la grande distance qui l'en sépare et de la grande gloire dans laquelle il est. Maintenant, dis-nous, Seigneur, les hommes recevant les mystères seront-ils plus élevés que la terre de la lumière et seront-ils plus élevés qu'elle dans le royaume de la lumière ? » Et Jésus répondit à Marie : « Il est bien que tu t'informes de toutes choses avec zèle et avec empressement ; mais, écoute,

Marie, je te parlerai de l'accomplissement des éons et de l'érection de l'univers.

« Je vous l'ai déjà dit : lorsque je vous aurai conduits dans les régions qui sont le partage de ceux qui reçoivent les mystères de la lumière et les trésors de la lumière, les régions des proboles de la lumière ne vous paraîtront que comme un grain de poussière et comme la lumière du soleil du jour. Et ces choses arriveront au temps de l'érection de l'univers. Les douze sauveurs des trésors, et les douze rangs de chacun d'eux qui sont les proboles des sept voix et des cinq arbres, seront avec moi dans les régions qui sont le partage de la lumière, et ils seront avec moi dans mon royaume. Chacun d'eux sera sur ses proboles, et chacun d'eux sera roi sur sa gloire, grand sur sa grandeur et petit sur sa petitesse. Et le sauveur de la probole de la première voix sera dans la région des âmes qui recevront le premier mystère du premier mystère dans mon royaume. Et le sauveur de la probole de la seconde voix sera dans la région des âmes de ceux qui recevront le second mystère du premier mystère dans mon royaume. Et le sauveur de la probole de la troisième voix sera dans la région de ceux qui recevront le troisième mystère du premier mystère dans le partage de la lumière. Et le sauveur de la probole de la quatrième voix du trésor de la lumière sera dans la région des âmes de ceux qui recevront le quatrième mystère du premier mystère dans le partage de la lumière, et le sauveur de la probole de la cinquième voix du trésor de la lumière sera dans la région des âmes recevant le cinquième mystère du premier mystère dans le partage de la lumière, et le sixième sauveur de la probole de la sixième voix sera dans la région des âmes recevant le sixième mystère du premier mystère ; et le septième sauveur de la probole de la septième voix du trésor de la lumière sera dans la région des âmes recevant le septième mystère du premier mystère dans le trésor de la lumière ; et le huitième sauveur, qui est le même que le sauveur de la probole du premier arbre du trésor de la lumière, sera dans la région des âmes recevant le huitième mystère du premier mystère dans le partage de la lumière ; et le neuvième sauveur, qui est le même sauveur de la probole du second arbre du trésor de la lumière, sera dans la région des âmes recevant le neuvième mystère du premier mystère dans le partage de la lumière ; et le dixième sauveur, qui est le même que le sauveur de la probole du troisième arbre du trésor de la lumière, sera dans la région des âmes recevant le dixième mystère du premier mystère dans le partage de la lumière ; et le onzième sauveur, qui est le même que le sauveur du quatrième arbre du trésor de la lumière, sera dans la région des âmes recevant le onzième mystère du premier mystère dans le partage de la lumière ; et le douzième sauveur, qui est le même que le sauveur du cinquième arbre du trésor de la lumière, sera dans la région des âmes recevant le douzième mystère du premier mystère dans le partage de la lumière ; et le septième amen, et les cinq arbres, et les trois amen seront à ma droite, rois subsistant dans le partage de la lumière, et sauveurs jumeaux qui sont l'enfant de l'enfant ; et les neuf gardiens resteront aussi à ma gauche, trois subsistant dans le partage de la lumière ; et chacun des sauveurs sera roi sur les rangs de ses proboles dans le partage de la lumière, comme ils sont dans les trésors de la lumière ; et neuf gardiens des trésors de la lumière seront plus élevés que les sauveurs dans lc partage de la lumière ; et les sauveurs jumeaux seront plus élevés que les neuf gardiens dans le royaume ; et les trois amen seront plus élevés que les deux sauveurs jumeaux dans le royaume ; et les cinq arbres seront plus élevés que les trois amen dans le partage de la lumière ; et Ieû, gardien des possessions de la lumière, et le grand Sabaoth le bon, seront rois sur le premier sauveur de la première voix du trésor de la lumière qui sera dans la région de ceux qui recevront le premier mystère du premier mystère, parce que Ieû est le gardien des régions de ceux qui appartiennent à la droite, et Melchisédech, le grand héritier de la lumière, et les deux grands chefs émanant de la lumière choisie qui est la pureté même et qui s'étend du premier arbre jusqu'au cinquième. Ieû est l'évêque de la lumière qui émane le premier dans la pureté de la lumière du premier arbre ; il est le gardien du partage de ceux qui appartiennent à la droite émanant du second arbre, et les deux chefs émanant aussi de la pure lumière choisie du troisième et du quatrième arbre dans le trésor de la lumière. Melchisédech émane aussi du cinquième arbre. Le grand Sabaoth le bon, que j'ai appelé mon Père, émane de Ieû, le gardien de la lumière.

« À cause de la sublimité de la chose qu'il a mise en soi, ils seront rois associés dans le premier mystère de la première voix du trésor de la lumière, et ils seront dans la région des âmes recevant le premier mystère du premier mystère, et la vierge de la lumière et le grand conducteur du milieu que les archons des éons appellent le grand Jaô, nom du grand archon qui est dans leurs régions. Lui et la vierge de la lumière et de ses douze diacres (mot grec), dans lesquels vous aurez reçu la forme, et desquels vous aurez reçu la force, ils seront aussi tous rois. Et le premier sauveur de la première voix dans la région des âmes de ceux qui recevront le premier mystère du premier mystère dans les possessions de la lumière, et les quinze satellites des sept vierges de la lumière qui sont dans le milieu émanera des régions des douze sauveurs, ainsi que les autres anges du milieu, chacun sur sa gloire, afin qu'ils soient rois avec moi dans les possessions de la lumière, et je serai roi sur eux tous dans les possessions de la lumière. Toutes les choses que je vous dis ne seront point en ce temps ; mais elles seront dans l'association des éons, qui est la solution de toutes choses et l'érection totale du compte des âmes qui participent aux possessions de la lumière. Mais, avant cette association dont je vous parle, ces choses n'auront pas lieu, et chacun sera dans sa région où il est placé depuis le commencement, jusqu'à ce que les nombres de la congrégation des âmes accomplies soient complets ; les sept voix et les cinq arbres, et les trois amen, et les sauveurs jumeaux, et les neuf gardiens, et les douze sauveurs, et ceux qui sont dans les régions de ceux qui appartiennent à la droite, et ceux qui sont dans les régions du milieu, chacun d'eux restera dans la région où ils ont été placés jusqu'à ce qu'ils soient tous transportés au dehors et que le nombre des âmes de la lumière soit accompli ; et tous les autres archons qui appartiennent au milieu resteront aussi dans les régions où ils sont placés jusqu'à ce que les mêmes choses s'accomplissent, et toutes les âmes viendront chacune au temps où elle recevra le mystère, et elles seront transportées vers les archons qui appartiennent au milieu, et elles viendront dans les régions de ceux qui appartiennent au milieu, et ceux qui appartiennent au milieu les baptiseront de l'onction spirituelle, et elles passeront dans ceux qui appartiennent à toutes les régions du milieu, et elles passeront dans les régions de ceux qui appartiennent à la droite, et dans les régions des neuf gardiens, et dans les régions des sauveurs jumeaux, et dans les régions des trois amen et des douze sauveurs, et dans les cinq arbres et les sept voix, chacun fournissant ses sceaux et ses mystères, et ils viendront en toutes ces âmes pour qu'elles viennent dans les régions des possessions de la lumière selon qu'il aura reçu le mystère de la lumière et il aura pris une possession de la lumière.

« Et toutes les âmes du genre humain qui recevront les mystères de la lumière viendront d'abord à tous les archons qui apppartiennent au milieu, et elles viendront d'abord à ceux qui appartiennent à toutes les régions du milieu, et à ceux qui appartiennent aux régions de tous ceux qui appartiennent à la droite ; et ils viendront d'abord à ceux qui appartiennent à toute région des trésors de la lumière, et ils entreront dans tous, et ils viendront d'abord à ceux qui appartiennent à toutes les régions du premier commandement, pour qu'ils aillent dans les possessions de la lumière jusqu'à la région de son mystère, pour que chacun reste dans la région qui a reçu le mystère pour lui et ceux qui appartiennent à la région du milieu, et ceux qui appartiennent à la droite et ceux qui appartiennent à toutes les régions des trésors de la lumière. Chacun sera dans la région et le rang dans lesquels il a été placé dès le commencement, jusqu'à ce que toutes choses soient accomplies, chacun d'eux ayant terminé la fonction à laquelle il a été destiné, à cause de la congrégation des âmes qui ont reçu les mystères, à cause de cet arrangement, afin qu'ils mettent leur sceau sur toutes les âmes qui ont reçu les mystères et qui doivent passer en ceux qui auront pris part aux possessions de la lumière. Et maintenant, Marie, voilà la chose dont tu t'informais avec empressement et avec zèle. Que celui qui a des oreilles pour entendre entende. »

Et quand Jésus eut cessé de dire ces paroles, Marie-Madeleine s'avança et dit: « Seigneur, toutes les paroles que tu as dites sont pour mes oreilles des trésors de lumière ; mais, maintenant, souffre que je t'interroge sur ce que tu as dit, Seigneur : Toutes les âmes de la race humaine qui recevront les mystères de la lumière entreront d'abord dans le partage de la lumière avant tous les archons et avant ceux qui appartiennent à la droite, et même toute région du trésor de la lumière. Et tu nous as dit jadis : Les premiers seront les derniers, et les derniers seront les premiers ; les derniers sont la race de tous les hommes, qui entrera d'abord dans le royaume de la lumière, comme ceux qui appartiennent à toutes les régions supérieures, et sont les premiers. Tu nous as aussi dit, Seigneur: Que celui-là entende qui a des oreilles pour entendre ; ce qui signifie: Tu voulais savoir si nous comprenions toutes les paroles que tu as dites. »

Et lorsqu'elle eut cessé de parler, le Sauveur admira ce qu'elle venait de dire, car c'était le sens parfait de ce qu'il avait révélé.

Et Jésus répondit: « C'est bien, Marie, et tu parles avec grande sagesse ; c'est l'explication de la parole. » Et ensuite Jésus, continuant, dit à ses disciples: « Écoutez que je vous parle de la gloire de ceux qui appartiennent à la hauteur, comme ils sont suivant la manière dont je vous parlai jusqu'à aujourd'hui. Lorsque je vous aurai conduits à la région du dernier soutien entourant les trésors de la lumière, et lorsque je vous conduirai en ces régions pour que vous voyiez la gloire dans laquelle il est, la région du partage de la lumière ne sera plus dans votre pensée que l'image de celle du monde, à cause de la grandeur dans laquelle est le dernier soutien et de la grande lumière dans laquelle il est, et ensuite je vous parlerai de la gloire du compagnon qui est au-dessus du petit compagnon. Je vous parlerai des régions qui sont au-dessus des compagnons ; il n'existe à leur égard nulle ressemblance en ce monde pour que j'en fasse la comparaison, nulle similitude que je puisse exprimer, nulle force, nulle lumière dans ce monde qui puisse leur être comparée. Il n'y a donc aucun moyen d'exprimer en ce monde ce que sont les choses dont je vous parle. »

Et lorsque Jésus eut cessé de parler, Marie-Madeleine s'avança et lui dit: « Seigneur, ne te fâches pas contre moi si je m'informe de toutes ces choses avec empressement et avec zèle, afin que mes frères les annoncent à la race humaine, pour que les hommes, les entendant et les croyant, soient préservés des tourments rigoureux que leur feraient subir les archons méchants, afin qu'ils arrivent dans la hauteur du royaume des lumières ; et c'est pourquoi, Seigneur, non seulement nous sommes miséricordieux à l'égard de nous-mêmes, mais de plus nous sommes miséricordieux à l'égard de toute la race humaine pour qu'elle soit préservée de tous tourments rigoureux. Et maintenant, Seigneur, nous nous informons de toutes choses avec empressement, afin que nos frères les annoncent à toute la race des hommes, afin qu'ils ne tombent pas dans la main des archons cruels des ténèbres, et pour qu'ils soient préservés des souffrances des ténèbres extérieures. »

Et lorsque Jésus eut entendu les paroles que disait Marie, le Sauveur, manifestant pour elle sa grande miséricorde, lui dit: « Demande ce que tu veux demander, et je te le révélerai avec empressement et clarté, sans parabole. » Et quand Marie eut entendu les paroles que disait le Sauveur, elle éprouva une vive allégresse, et elle dit: « Seigneur, de combien le second ancêtre est-il plus grand que le premier, et quelle est la distance qui les sépare et de combien sa lumière sera-t-elle plus grande ? » Et Jésus répondit à Marie, en parlant au milieu de ses disciples: « En vérité, en vérité, je vous le dis, le second ancêtre est éloigné du premier, d'une telle distance que nulle mesure ne peut l'exprimer, selon la hauteur et selon la profondeur, selon la largeur et selon la longueur. Il est éloigné d'une distance immense que nulle mesure ne peut exprimer auprès des anges, des archanges et des dieux, et la supériorité de sa lumière est telle qu'aucun nombre ne peut la rendre. Le troisième, le quatrième et le cinquième ancêtre sont, chacun d'eux, supérieurs à l'autre, d'une supériorité qui n'a aucune mesure, et chacun possède une lumière supérieure à un degré qui ne saurait s'exprimer. »

Et quand Jésus eut cessé de dire ces paroles à ses disciples, Jean dit à Jésus: « Seigneur, mon Sauveur, permets aussi que je parle, et ne te courrouce pas contre moi si je m'enquiers de toute chose avec empressement et avec zèle, car tu nous as fait la promesse de nous révéler tout ce que je te demanderai. Et maintenant, Seigneur, ne nous cache rien au sujet des choses sur lesquelles nous t'interrogerons. » Et Jésus, répondant dans sa grande miséricorde, dit à Jean: « Toi aussi, tu es heureux, Jean, que je chéris ; dis les paroles que tu voudras, et je te révélerai face à face et sans paraboles ce que tu demanderas, t'enseignant toutes les choses que tu auras demandées avec zèle et empressement. » Et Jean dit à Jésus: « Seigneur, celui qui aura reçu le mystère, restera-t-il dans le lieu où il est et n'aura-t-il aucun moyen d'aller dans d'autres régions qui sont au-dessus de lui ou d'aller dans d'autres régions qui sont au-dessous de lui ? » Et Jésus répondant dit à Jean: « Mes disciples chéris et bons, vous vous informez de toutes choses avec empressement ; écoute, Jean, ce que je vais te dire: chacun recevant le mystère de la lumière restera dans le lieu où il aura reçu le mystère, et nul n'aura la faculté de s'élever dans les régions qui sont au-dessus de lui ; celui qui aura reçu le mystère, dans la première disposition, aura la faculté d'aller dans les lieux qui sont au-dessous de lui, mais non dans ceux qui seront au-dessus, et celui qui aura reçu le mystère du premier mystère aura la faculté d'aller dans tous les lieux qui sont hors de lui, mais il n'aura pas celle d'aller dans les lieux qui sont au-dessus de lui, et il en sera ainsi de ceux qui auront reçu les mystères supérieurs.

« En vérité, je vous le dis: cet homme dans la destruction du monde sera roi sur tous les ordres des pleurômes, et celui qui aura reçu le mystère de l'Ineffable, c'est moi. Il connaît le mystère à cause duquel les ténèbres ont été faites et à cause duquel la lumière a été faite ; il connaît le mystère de la création des ténèbres des ténèbres et de la lumière des lumières ; il connaît le mystère de la création du chaos et de celle du trésor de la lumière ; et il connaît le mystère de la création de la terre de la lumière, et il connaît le mystère de la création des châtiments réservés aux pécheurs, et il connaît le mystère de la régénération du règne de la lumière, et il connaît le mystère pourquoi les pécheurs ont été créés, et pourquoi ont été créés les domaines de la lumière, et il connaît le mystère pourquoi ont été faits les impies, et pourquoi ont été faits les saints, et il connaît le mystère pourquoi ont été faites les peines pour les méchants, et pourquoi ont été faites toutes les émanations de la lumière, et il connaît le mystère pourquoi le péché a été fait et pourquoi ont été faits les baptêmes et les mystères de la lumière, et il connaît le mystère pourquoi a été fait le feu du châtiment et pourquoi ont été faits les jets de la lumière, et il connaît le mystère pourquoi a été faite la colère et pourquoi a été faite la paix, et il connaît le mystère pourquoi a été fait le blasphème et pourquoi a été fait l'hymne de la lumière, et il connaît le mystère pourquoi ont été faites les similitudes de la lumière, et il connaît le mystère pourquoi a été faite l'injure et pourquoi a été faite la bénédiction, et il connaît le mystère pourquoi a été faite la méchanceté et pourquoi a été faite la flatterie, et il connaît le mystère pourquoi a été fait le meurtre et pourquoi a été faite la vivification de l'âme, et il connaît le mystère pourquoi ont été faits l'adultère et la débauche et pourquoi a été faite la pureté, et il connaît le mystère pourquoi a été faite la reconnaissance et pourquoi a été faite l'ingratitude, et il connaît le mystère pourquoi ont été faits l'orgueil et la jactance et pourquoi ont été faites l'humilité et la douceur, et il connaît le mystère pourquoi ont été faits les pleurs et pourquoi a été fait le rire, et il connaît le mystère pourquoi a été faite la médisance et pourquoi a été fait le discours profitable, et il connaît le mystère pourquoi a été faite l'obéissance et pourquoi a été faite la résistance, et il connaît le mystère pourquoi a été fait le murmure et pourquoi ont été faites la simplicité et l'humilité, et il connaît le mystère pourquoi a été faite la force et pourquoi a été faite la faiblesse, et il connaît le mystère pourquoi a été faite la pauvreté et pourquoi a été faite l'opulence, et il connaît le mystère pourquoi a été faite la domination dans le monde et pourquoi a été fait l'esclavage, et il connaît le mystère pourquoi a été faite la mort et pourquoi a été faite la vie. »

Et quand Jésus eut dit ces paroles à ses disciples, ils furent remplis de joie et d'allégresse de ce qu'il leur avait dit ces paroles. Et Jésus continuant de parler, leur dit: « Mes disciples chéris, écoutez ce que je vous dirai de la connaissance entière du mystère de l'Ineffable. Le mystère de l'Ineffable connaît pourquoi a été faite la sévérité et pourquoi a été faite la miséricorde ; il connaît pourquoi ont été faits les reptiles et pourquoi ils doivent être détruits, il connaît pourquoi ont été faits les animaux et pourquoi ils doivent être détruits, il connaît pourquoi ont été faits les troupeaux et pourquoi ont été faits les oiseaux, il connaît pourquoi ont été faites les montagnes et pourquoi ont été faites les pierres précieuses qui sont en elles, il connaît pourquoi a été faite la matière de l'or et pourquoi a été faite la matière de l'argent, il connaît pourquoi a été faite la matière de l'air et pourquoi a été faite la matière du fer, il connaît pourquoi a été faite la matière du plomb et pourquoi a été faite la matière du verre et pourquoi a été faite la matière de la cire, il connaît pourquoi ont été faites les plantes et pourquoi ont été faites leurs matières, il connaît pourquoi ont été faites les eaux de la terre et toutes les choses qui sont en elles et pourquoi la terre elle-même a été faite, il connaît pourquoi ont été faites les mers, et pourquoi ont été faits les animaux qui habitent les mers, il connaît pourquoi a été faite la matière du monde et pourquoi il doit être détruit. »

Et Jésus continuant de parler dit à ses disciples: « Mes disciples, mes compagnons, et mes frères, que chacun de vous se recueille dans l'esprit qui est en lui, afin que vous obéissiez à ma parole et que vous recueilliez toutes les paroles que je vous dirai, car, depuis ce moment, je continuerai à vous parler de toutes les sciences de l'Ineffable ; il connaît le mystère pourquoi a été fait l'occident et pourquoi a été fait l'orient, il connaît le mystère pourquoi a été fait le midi et pourquoi a été fait le septentrion, il connaît le mystère de la création des démons et de la création du genre humain, il connaît le mystère de la création de la chaleur et de la création de l'air doux, il connaît le mystère de la création des étoiles et de la création des nuages ; il connaît le mystère pourquoi la terre est profonde et pourquoi les eaux viennent à sa surface, il connaît le mystère pourquoi la terre est aride et pourquoi la pluie tombe sur elle, il connaît le mystère pourquoi est faite la disette et pourquoi est faite la fertilité, il connaît le mystère pourquoi est faite la gelée et pourquoi est faite la rosée salutaire, il connaît le mystère pourquoi est faite la poussière et pourquoi est fait un rafraîchissement agréable, il connaît le mystère pourquoi est faite la grêle et pourquoi est faite la neige qui est agréable, il connaît le mystère pourquoi est faite la tempête qui s'élève et pourquoi est fait le vent qui se calme, il connaît le mystère pourquoi est faite l'ardeur de la chaleur et pourquoi sont faites les eaux, il connaît le mystère de la création du vent du nord et du vent du midi, il connaît le mystère de la création des étoiles du ciel et le mystère de la création des astres et de leur marche et de toutes leurs révolutions, il connaît le mystère de la création des archons des sphères, et de la création des sphères et de toutes leurs régions, il connaît le mystère de la création des archons, des éons et de la création des éons ; il connaît le mystère de la création des archons qui président aux supplices et de la création des décans, il connaît le mystère des anges et de la création des archanges ; il connaît le mystère de la création des seigneurs et de la création des dieux, il connaît le mystère de la création de la haine et de la création de l'amour, il connaît le mystère de la création de la discorde et de la création de la réconciliation, il connaît le mystère pourquoi a été faite l'avarice et pourquoi a été faite la renonciation à toute chose et pourquoi a été fait l'amour, il connaît le mystère pourquoi a été faite la cupidité et pourquoi a été faite la satiété, il connaît le mystère pourquoi a été faite l'impiété et pourquoi a été fait l'attachement à Dieu, il connaît le mystère pourquoi ont été faits les gardiens et pourquoi ont été faits les sauveurs, il connaît le mystère pourquoi ont été faites les trois puissances et pourquoi ont été faits les invisibles, il connaît le mystère pourquoi ont été faits les ancêtres et pourquoi ont été faits les purs, il connaît le mystère pourquoi ont été faits les présomptueux et pourquoi ont été faits les fidèles, il connaît le mystère pourquoi a été faite la grande triple puissance et pourquoi a été fait le grand ancêtre des invisibles, il connaît le mystère pourquoi a été fait le treizième éon et pourquoi ont été faites les régions de ceux qui appartiennent au milieu, il connaît le mystère pourquoi ont été faits les anges du milieu et pourquoi ont été faites les vierges de la lumière, il connaît le mystère pourquoi a été faite la terre de la lumière, et il connaît le mystère de la terre de la lumière et pourquoi a été fait le grand héritage de la lumière, et il connaît le mystère pourquoi ont été faits les gardiens des régions de ceux qui appartiennent à la droite, et pourquoi ont été faits leurs chefs, et il connaît le mystère pourquoi ont été faites les portes de la vie et pourquoi a été fait Sabaoth le bon, et il connaît le mystère pourquoi a été faite la région de ceux qui appartiennent à la droite et pourquoi a été faite la terre de lumière qui est le trésor de la lumière, et il connaît le mystère pourquoi ont été faites les émanations de la lumière et pourquoi ont été faits les douze sauveurs, et il connaît le mystère pourquoi ont été faites les trois portes du trésor de la lumière et pourquoi ont été faits les neuf gardiens, et il connaît le mystère pourquoi ont été faits les sauveurs jumeaux et pourquoi ont été faits les trois amen, et il connaît le mystère pourquoi ont été faits les cinq arbres et pourquoi ont été faits les sept amen, et il connaît le mystère pourquoi a été fait le mélange qui n'existait pas, et comment il a été purifié. » Et Jésus dit ensuite: « Que chacun de vous s'efforce de comprendre et qu'il ait en lui la force de la lumière pour s'y soumettre. Et dès ce moment, je vous parlerai des régions qu'habite la vérité de l'Ineffable et de la manière dont elles sont. »

Et quand les disciples entendirent ces paroles, ils gardèrent le silence, mais Marie-Madeleine s'avança, et se prosternant aux pieds de Jésus, elle les adora en pleurant, et elle dit: « Aie pitié de moi, Seigneur ; mes frères se sont troublés lorsque tu as dit que tu allais leur donner la connaissance du mystère de l'Ineffable, et ils ont gardé le silence. » Et Jésus, rassurant ses disciples, leur dit: « Ne croyez pas que vous ne pouvez pas comprendre les mystères de l'Ineffable. Je vous le dis en vérité ; ce mystère est à vous, et à chacun de ceux qui vous obéira: en vérité, je vous le dis, pour chacun de ceux qui renoncera au monde et à tout ce qui s'y trouve, et qui se consacrera à Dieu, ce mystère est plus simple que tous les mystères du royaume de la lumière, et il est plus facile à comprendre qu'eux tous. Celui qui renonce à ce monde et à tous les soucis qui sont en lui, entre dans la connaissance de ce mystère. C'est pourquoi je vous ai dit autrefois: Quiconque est sous les soucis du monde et qui travaille sous leur poids, qu'il vienne à moi, et je lui donnerai le repos, car mon fardeau est léger et mon joug est doux. Ne soyez donc pas dans la pensée que vous ne pouvez comprendre ce mystère. En vérité, je vous le dis, l'intelligence de ce mystère est plus aisée que celle de tous les mystères, et en vérité, je vous dis, ce mystère est à vous et à chacun de ceux qui renonceront au monde et à tout ce qu'il renferme. Écoutez donc, mes disciples, mes amis et mes frères, car je vais vous conduire à la connaissance du mystère de l'Ineffable ; je suis venu pour vous apporter la connaissance entière de l'émanation de l'univers, car l'émanation de l'univers est la connaissance de ce mystère. Lorsque le nombre entier des âmes justes sera accompli et quand le mystère sera accompli, je passerai mille ans suivant les années de la lumière, régnant sur les proboles de la lumière et sur le nombre entier des âmes justes qui ont reçu tous les mystères. » Et quand Jésus eut cessé de dire ces paroles à ses disciples, Marie-Madeleine s'avança et dit: « Seigneur, combien d'années du monde comprend une année de lumière ? » Et Jésus répondant dit à Marie: « Les jours de la lumière sont mille années du monde des hommes, ainsi trente-six myriades d'années et une demi-myriade d'années du monde sont une année de la lumière. Je régnerai pendant mille années de lumière[13], étant roi dans le dernier mystère, étant roi sur toutes les proboles de la lumière et sur le nombre entier des âmes justes qui ont reçu les mystères de la lumière ; et vous, mes disciples, et chacun de ceux qui ont reçu le mystère de l'Ineffable, vous serez avec moi à ma droite et à ma gauche, étant rois avec moi dans mon royaume, et ceux qui auront reçu les trois mystères des cinq mystères de l'Ineffable seront rois avec vous dans le royaume de la lumière ; ceux qui auront reçu les mystères éclatants étant rois dans les régions éclatantes, et ceux qui auront reçu les mystères inférieurs étant rois dans des régions inférieures, chacun selon le rang du mystère qu'il aura reçu. »

Et Jésus, continuant de parler à ses disciples, dit: « Lorsque je viendrai dans la lumière pour prêcher le monde entier, alors dites-leur: ne cessez ni jour ni nuit de chercher jusqu'à ce que vous ayez trouvé les mystères du règne de la lumière qui vous purifieront et vous conduiront au royaume de la lumière ; dites-leur : renoncez au monde et à tout ce qui est en lui, et à tous ses services, et à tous ses péchés, et à toutes ses cupidités, et à tous ses discours, et à tout ce qui est en lui, afin que vous soyez dignes des mystères de la lumière, pour que vous soyez préservés de tous les supplices qui sont destinés à ceux qui sont séparés des bons ; renoncez au murmure, pour que vous soyez préservés de l'ardeur de la face du chien ; dites-leur: renoncez à l'obéissance, afin que vous soyez préservés de l'ardeur de la face du chien ; dites-leur : renoncez à l'invocation, afin que vous soyez dignes des mystères de la lumière, afin que vous soyez préservés des supplices d'Ariel ; dites-leur: renoncez à la langue menteuse, afin que vous soyez dignes des mystères de la lumière, afin que vous soyez préservés des fleuves de l'ardeur de la face du chien ; dites-leur: renoncez aux témoins menteurs, afin que vous soyez dignes des mystères de la lumière, pour que vous soyez délivrés et préservés des fleuves de l'ardeur de la face du chien ; dites-leur : renoncez à l'orgueil et à la vanterie, pour que vous soyez dignes des mystères de la lumière, et que vous soyez préservés des fosses de l'ardeur d'Ariel ; dites-leur: renoncez à l'amour-propre, afin que vous soyez dignes des mystères de la lumière, pour que vous soyez préservés des supplices de l'enfer ; dites-leur: renoncez à la loquacité, pour que vous soyez dignes des mystères de la lumière, afin que vous soyez préservés des ardeurs de l'enfer ;

dites-leur: renoncez aux pensées mauvaises[14], afin que vous soyez dignes des mystères de la lumière, pour que vous soyez préservés des tourments qui sont dans l'enfer ; dites-leur: renoncez aux cupidités de l'avarice, pour que vous soyez dignes des mystères de la lumière, pour que vous soyez préservés des fleuves de fumée de la face du chien ; dites-leur: renoncez à l'amour du monde, afin que vous soyez dignes des mystères de la lumière, pour que vous soyez préservés des vêtements de poix et de l'ardeur de la face du chien ; dites-leur: renoncez aux rapines, afin que vous soyez dignes des mystères de la lumière, pour que vous soyez préservés des fleuves d'Ariel ; dites-leur: renoncez aux paroles mauvaises, afin que vous soyez dignes des mystères de la lumière, pour que vous soyez préservés des supplices du fleuve de fumée ; dites-leur : renoncez à la débauche, afin que vous soyez dignes des mystères de la lumière, afin que vous soyez préservés des mers de l'ardeur d'Ariel ; dites-leur: renoncez à la cruauté, afin que vous soyez dignes du mystère de la lumière, pour que vous soyez préservés des supplices des faces des dragons ; dites-leur: renoncez à la colère, pour que vous soyez dignes des mystères de la lumière, pour que vous soyez préservés des fleuves de la fumée des faces des dragons ; dites-leur: renoncez aux larcins, pour que vous soyez dignes des mystères de la lumière, pour que vous soyez préservés d'Ialdabaôth ; dites-leur: renoncez à la désobéissance, pour que vous soyez dignes des mystères de la lumière, pour que vous soyez préservés des suivants d'Ialdabaôth et des ardeurs de la mer ; dites-leur: renoncez à la colère, pour que vous soyez dignes des mystères de la lumière, pour que vous soyez préservés de tous les démons d'Ialdabaôth et de tous leurs supplices ; dites-leur: renoncez aux adultères, pour que vous soyez dignes des mystères de la lumière, pour que vous soyez préservés des mers de soufre et de poix de la face du lion

; dites-leur: renoncez aux homicides, pour que vous soyez dignes des mystères de la lumière, pour que vous soyez préservés de l'archon des crocodiles qui est dans la gelée la première des créatures qui sont dans les ténèbres extérieures ; dites-leur: renoncez aux œuvres des méchants et des impies, pour que vous soyez dignes des mystères de la lumière, pour que vous soyez préservés des archons des ténèbres extérieures ; dites-leur: renoncez à l'impiété, pour que vous soyez dignes des mystères de la lumière, pour que vous soyez préservés des pleurs et des grincements de dents ; dites-leur : renoncez aux empoisonnements, pour que vous soyez dignes des mystères de la lumière, pour que vous soyez préservés de la grande gelée et de la grêle des ténèbres extérieures ; dites-leur: renoncez aux blasphèmes, pour que vous soyez dignes des mystères de la lumière, pour que vous soyez préservés du grand dragon des ténèbres extérieures ; dites-leur: renoncez aux doctrines mauvaises, pour que vous soyez dignes des mystères de la lumière, pour que vous soyez préservés de tous les supplices du grand dragon des ténèbres extérieures ; dites à ceux qui enseignent des doctrines mauvaises et à chacun de ceux qui les écoutent, malheur à vous! car si vous ne vous repentez pas et si vous ne revenez pas de votre malice, vous viendrez dans les tourments très rigoureux du grand dragon et des ténèbres extérieures, et rien dans le monde ne vous en rachètera jusque dans l'éternité, mais vous serez sans existence jusqu'à la fin ; dites à ceux qui négligent la doctrine de la vérité du premier mystère : malheur à vous ! car les supplices que vous éprouverez sont au-dessus de ceux de tous les hommes ; vous resterez dans une grande gelée, dans la glace et dans la neige au milieu des dragons et dans les ténèbres extérieures, et rien dans le monde ne vous en rachètera jusque dans l'éternité ; dites-leur: aimez tous les hommes, afin que vous soyez dignes du mystère de la lumière, afin que vous vous éleviez dans le royaume de la lumière ; dites-leur : soyez doux pour recevoir le mystère de la lumière afin de vous élever au mystère de la lumière ; dites-leur: soyez miséricordieux pour recevoir le mystère de la lumière, afin que vous vous éleviez au mystère de la lumière ; dites-leur: assistez les pauvres et les malades afin de recevoir le mystère de la lumière et de vous élever au royaume de la lumière ; dites-leur : aimez Dieu, afin de recevoir les mystères de la lumière ; dites-leur: soyez charitables, pour recevoir le mystère, afin d'arriver au royaume de la lumière ; dites-leur: soyez saints, afin de recevoir le mystère de la lumière, pour vous élever au royaume de la lumière ; dites-leur : renoncez à tout, afin de recevoir le mystère la lumière, pour parvenir au royaume de la lumière ; dites-leur: soyez charitables, pour recevoir de la lumière, pour vous élever au royaume de la lumière. Telles sont les voies de ceux qui sont dignes des mystères de la lumière. Et lorsque vous trouverez des hommes qui renonceront à tout ce qui est mal et qui pratiqueront ce que je dis, donnez-leur les mystères de la lumière et ne leur cachez rien, lors même qu'ils seraient pécheurs et qu'ils seraient dans tous les péchés et dans toutes les fautes que je vous ai dites, afin que, se convertissant, ils fassent pénitence et qu'ils soient dans la soumission que je vous ai dite ; donnez-leur les mystères et ne leur cachez rien ; c'est à cause des péchés que j'ai porté les mystères en ce monde, afin que je remisse tous les péchés qui ont été commis depuis le commencemcnt ; c'est pourquoi je vous ai dit autrefois que je n'étais pas venu pour appeler les justes. J'ai apporté les mystères pour que les péchés fussent remis à chacun, et pour que chacun fût conduit dans le royaume de la lumière. Ces mystères sont un don du premier mystère pour effacer les péchés et les fautes de tous les pécheurs. »

Et lorsque Jésus eut dit ces paroles à ses disciples, Marie lui dit: « Mon Seigneur et Sauveur, est-ce que les hommes justes, parfaits en toute justice, et l'homme en lequel il n'y a nul péché, seront éprouvés ou non par les tourments et les supplices dont tu nous as parlé ?

« Est-ce que cet homme sera admis dans le royaume des cieux ou non ? » Le Sauveur répondit à Marie: « L'homme juste, parfait en toute justice et qui n'a jamais commis aucun péché, et qui n'a jamais reçu aucun mystère de la lumière, lorsque son temps sera venu, pour qu'il sorte du monde, aussitôt viendront les satellites d'une grande triple force, qui est grand parmi eux, et s'empareront de l'âme de cet homme ; ils parcourront, pendant trois jours, avec elle, le monde entier, avec toutes ses créatures. Après ces trois jours, ils la conduiront dans le chaos, afin qu'elle soit conduite dans tous les lieux des supplices. »

Et Jean s'avança et dit : « Seigneur, si un homme est un pécheur consommé en toute malice, et s'il y renonce à cause du royaume des cieux, et s'il renonce au monde et à toute la matière qui est en lui, et s'il s'abstient de tout péché, et que nous sachions qu'il aime Dieu, et si nous lui donnons les mystères, et si, ensuite, il retombe dans ses péchés, et que, plus tard, il en fasse pénitence, ta volonté est-elle que nous lui remettions sept fois ses fautes, et que nous lui donnions sept fois les mystères qui sont dans le premier ordre ? »

Et le Seigneur répondit à Jean: « Non seulement remettez-lui jusqu'à sept fois, mais, en vérité, je vous le dis, remettez-lui jusqu'à sept fois beaucoup de fois, afin que vous lui donniez autant de fois les mystères, depuis le commencement jusqu'à l'extrémité de la partie extérieure ; vous gagnerez peut-être l'âme de ce frère, afin qu'elle entre dans la possession du royaume de la lumière. Lorsque vous m'avez interrogé, disant: Si notre frère a péché contre nous, devons-nous lui remettre jusqu'à sept fois, je vous ai répondu en paraboles, disant: non seulement jusqu'à sept fois, mais jusqu'à soixante-dix-sept fois. Maintenant remettez-lui beaucoup de fois, pour que nous lui donnions autant de fois les mystères qui sont de la partie extérieure, et peut-être gagnerez-vous l'âme de ce frère. En vérité, je vous le dis, celui qui aura vivifié une âme et qui la conservera pour sa lumière dans le règne de la lumière, recevra une autre gloire en place de l'âme qu'il aura sauvée, et celui qui aura sauvé une multitude d'âmes, les faisant entrer en possession de leur gloire dans leur gloire, il recevra beaucoup de gloires au lieu des âmes qu'il aura sauvées. »

Lorsque le Sauveur eut ainsi parlé, Jean, continuant de l'interroger, dit au Sauveur: « Si mon frère, qui est un très grand pécheur, renonce au monde et à toute la matière qui est en lui, et à tous ses péchés, et à tous ses soucis, comment saurons-nous s'il n'est pas trompeur et hypocrite, et s'il est dans la vérité et la sincérité, afin que nous sachions s'il est digne du mystère du second ou du troisième ordre, et si nous devons lui enseigner tous les mystères, pour qu'il participe aux possessions de la lumière ? » Le Sauveur, répondant à Jean, au milieu de ses disciples, dit : « Si vous connaissez d'une manière sûre que cet homme a renoncé au monde entier et à toutes ses préoccupations et à tous ses discours, et à tous ses péchés, et si vous savez qu'il n'est ni trompeur, ni hypocrite, mais qu'il est dans la sincérité, et qu'il aime véritablement Dieu, ne lui cachez pas les mystères, mais donnez-lui connaissance de ceux du second et du troisième ordre, et faites-lui part du mystère dont vous penserez qu'il est digne, et lorsque vous lui aurez donné les mystères du second ou du troisième ordre, s'il retombe dans le péché, vous continuerez de les lui donner encore jusqu'à trois fois ; mais s'il pèche derechef, vous ne continuerez plus de les lui donner, parce que ces trois mystères seront des témoins de son dernier repentir ; et, en vérité, je vous le dis, l'homme qui aura ainsi reçu les mystères sera passible d'une punition rigoureuse, car il sera un objet de scandale ; et en vérité, je vous le dis, il n'y aura pour cet homme, depuis ce temps, nulle rédemption de son âme en ce monde ; mais sa demeure sera au milieu de la porte des dragons des ténèbres extérieures, lieu où il y a des pleurs et des grincements de dents ; et dans la destruction du monde, son âme sera tourmentée par une gelée rigoureuse et une ardeur très cruelle, et elle sera sans existence jusque dans l'éternité ; mais si cet homme se convertit de nouveau, et s'il renonce au monde, et à toutes ses préoccupations, et à tous ses péchés, et s'il est dans un grand repentir et une grande pénitence, alors la miséricorde s'étendra sur lui, et sa pénitence sera reçue pour la rémission de ses péchés, afin qu'il obtienne le mystère du premier mystère et même le mystère de l'Ineffable, et il aura ainsi la rémission de ses péchés, parce que ces mystères sont doux et remettent les péchés en tout temps. »

Lorsque le Sauveur eut parlé ainsi, Jean, continuant de l'interroger, dit: « Seigneur, pardonne-moi si je t'interroge encore et ne te courrouce pas contre moi, si, m'informant de toutes choses avec zèle et avec empressement, je demande comment nous devons agir avec les hommes de ce monde. » Et le Sauveur répondit à Jean : « Demande toutes les choses dont tu veux t'enquérir et je te les révélerai clairement et sans paraboles. »

Et Jean dit: « Lorsque nous viendrons pour enseigner les hommes et que nous serons prêts d'entrer dans une ville ou clans un village, et que des hommes de cette ville s'approcheront de nous, nous ne saurons pas s'ils sont animés de ruse et d'hypocrisie, et si, lorsqu'ils nous conduiront dans leurs maisons, ils désirent connaître Dieu et recevoir les mystères de la religion ; si nous savons ensuite qu'ils n'ont rien fait de digne des mystères, et qu'ils ont agi avec perfidie à notre égard, qu'est-ce que nous devons faire ? »

Le Sauveur, répondant à Jean, dit: « Si vous entrez dans une ville ou dans un village, dans quelque maison que vous veniez, si les habitants vous reçoivent, révélez-leur les mystères ; s'ils en sont dignes, vous gagnerez leurs âmes, pour qu'ils aient part au royaume de la lumière, et même s'ils n'en sont pas dignes et s'ils agissent avec perfidie à votre égard, alors élevez la voix vers le premier mystère du premier mystère, afin qu'il ait pitié de vous tous, et dites: « Puisque le mystère que nous avons révélé est à des âmes impies et perfides, qui n'ont rien fait de digne de ton mystère, tourne le mystère vers nous, et prive-les du mystère de ton royaume jusque dans l'éternité », et secouez la poussière de vos pieds comme un témoignage, en disant: « Que vos âmes soient plongées dans la poussière de votre maison » ; et, en vérité, je vous le dis à cette heure, tous les mystères que vous leur aurez donnés reviendront vers vous, et toutes les paroles et tous les mystères que vous leur aurez donnés leur seront enlevés.

« Je vous ai déjà parlé dans une parabole des hommes de cette espèce, en disant: En quelque maison que vous veniez, lorsqu'on vous y recevra, dites à ses habitants: « La paix soit avec vous! » Et, s'ils en sont dignes, votre paix viendra sur eux ; et, s'ils ne sont pas dignes, votre paix reviendra vers vous ; ce qui veut dire que si ces hommes ont fait chose digne des mystères et qu'ils désirent véritablement connaître Dieu, donnez-leur les mystères du règne de la lumière ; et, ensuite, s'ils agissent de ruse à votre égard, et qu'ils veulent vous tromper, faites le premier mystère du premier mystère, et tous les mystères que vous leur aurez donnés se tourneront vers vous, et ils seront privés du mystère de la lumière jusque dans l'éternité ; et, en vérité, je vous le dis: Leur demeure sera dans la porte du milieu des dragons des ténèbres extérieures. Mais s'ils font pénitence, et s'ils renoncent au monde et à toute la matière qui est en lui, et à tous les péchés du monde, et s'ils se soumettent à tous les mystères de la lumière, nul mystère ne les entend, mais il est pour eux la rémission de leurs péchés, et ils sont entendus du mystère unique de l'Ineffable, qui a pitié de chacun et qui remet les péchés de chacun. »

Et quand Jésus eut cessé d'adresser ces paroles à ses disciples, Marie, se prosternant aux pieds de Jésus, les embrassa et dit: « Seigneur, pardonne-moi si je t'interroge et ne t'irrite pas contre moi. » Et le Sauveur répondit à Marie: « Demande ce que tu veux demander, et je te le révélerai clairement. » Et Marie dit: « Seigneur, un frère est saint et bon, et il a reçu tous les mystères de la lumière, et ce frère a un frère qui est un pécheur et un impie, et qui sort de ce monde, et le cœur du frère qui est bon s'afflige et gémit de ce que son frère est dans les tourments et les supplices ; maintenant, Seigneur, que ferons-nous jusqu'à ce qu'il ait été retiré des lieux des supplices ? » Le Sauveur, répondant à Marie, dit: « Je vous ai parlé autrefois de ce que tu me dis à présent, mais écoutez et je vous le dirai encore, afin que vous soyez parfaits dans tous les mystères, et les hommes vous appelleront parfaits en tout accomplissement.

« Tous les hommes pécheurs ou qui ne sont pas pécheurs, lorsque vous voudrez qu'ils sortent des peines et des supplices terribles, et qu'ils soient transportés dans un corps juste, afin qu'il reçoive le mystère de la divinité et qu'il s'élève dans les régions supérieures pour participer au règne de la lumière, faites le troisième mystère de l'Ineffable, et dites: « Prenez l'âme de cet homme auquel nous pensons en notre esprit, prenez-la, la tirant de tous les supplices des archons, et enlevez-la rapidement, afin de la conduire au temple de la lumière, et dans ce même nusi, temple de la lumière, marque-la d'un sceau éclatant, dans ce même nusi, temple de la lumière, porte-la dans un corps juste et bon, afin que, s'élevant dans les régions supérieures, elle participe au royaume de la lumière. »

« Quand vous l'aurez dit, en vérité, je vous le dis, tous les esprits qui président aux supplices dans toutes les régions des archons, s'arrêteront et se transmettront cette âme, afin qu'ils la conduisent au temple de la lumière, et le temple de la lumière la marquera des signes du royaume de l'Ineffable, et ils la livreront à ses satellites, et ils les conduiront dans un corps qui sera celui d'un juste, et elle trouvera les mystères de la lumière, afin qu'elle soit bonne, et que, montant dans les régions supérieures, elle ait part au royaume de la lumière. Voici ce sur quoi vous m'avez interrogé. »

Et Marie, répondant au Sauveur, dit: « Maintenant, Seigneur, tu n'as pas amené les mystères dans le monde, pour que l'homme ne fût pas ému par la mort qui lui est destinée par les archons de l'heimarméné ; car, si un homme a été destiné à mourir par le glaive, ou dans l'eau, ou si, par suite des calamités et des malheurs qu'il y a dans le monde, il succombe à quelque autre mort mauvaise, tu n'as pas amené les mystères dans le monde, pour que l'homme ne meure pas ainsi par l'action des archons de l'heimarméné, mais pour qu'il meure d'une mort subite, afin qu'il ne ressente aucune douleur de ces divers genres de mort, car beaucoup nous persécuteront à cause de toi, et beaucoup nous tourmenteront à cause de ton nom ; et, s'ils nous affligent et nous maltraitent, faut-il que nous disions les mystères, pour que nous sortions de notre corps, n'éprouvant aucune douleur ? » Le Sauveur, répondant, dit à tous ses disciples: « Je vous ai déjà parlé autrefois de ce dont vous m'interrogez, mais écoutez encore que je vous le dise une autre fois ; non seulement vous, mais tout homme qui accomplira le premier mystère du premier mystère de l'Ineffable parcourra toutes ses régions et toutes ses stations, et après qu'il aura accompli ce mystère, et qu'il aura parcouru toutes ces régions, dès cette heure, il sera préservé de toutes les choses qui lui sont destinées par les archons de l'Heimarméné, et dès ce temps il sort du corps de la matière des archons, et son âme sera une grande émanation de la lumière, afin qu'elle vole dans les régions supérieures et qu'elle traverse toutes les régions des archons et toutes les régions de la lumière, jusqu'à ce qu'elle soit venue dans les régions du royaume de la lumière. »

Et Marie, répondant à Jésus, dit: « Seigneur, tu n'as pas annoncé les mystères en ce monde, à cause de la pauvreté et de la richesse, et à cause de la faiblesse ou de la force, et à cause de la maladie, et à cause de la santé ; mais à cause de toutes ces choses, afin que lorsque nous serons venus dans les régions des hommes, s'ils n'ont pas foi en nous, et s'ils n'écoutent pas nos paroles, nous fassions le mystère de cette manière, dans ces lieux, afin qu'ils sachent dans la vérité, lorsque nous annonçons les paroles de l'univers. » Le Sauveur, répondant à Marie, dit au milieu de ses disciples: « Je vous ai, dans un autre temps, éclairés sur les choses à l'égard desquelles vous m'interrogez, mais je le répéterai, vous disant encore mes paroles: Maintenant, Marie, je te le dis: non seulement vous, mais tout homme peut accomplir le mystère de la résurrection des morts, afin qu'il guérisse de la possession des démons, et de toute affliction et de toute maladie, et qu'il guérisse aussi et les boiteux, et les mutilés, et les morts, et les paralytiques.

« Je vous ai annoncé autrefois qu'il devait faire le mystère pour qu'il accomplisse ces choses. Ensuite si vous demandez la pauvreté et l'opulence, la faiblesse et la vigueur, la maladie et la santé, et si vous demandez à guérir tous les corps malades, à ressusciter des morts, à guérir les boiteux et les aveugles, et les muets, et toutes les maladies, et toute affliction, vous l'obtiendrez.

« Qui aura accompli ce mystère, et qui demandera toutes les choses que j'ai dites, elles lui seront accordées. » Et lorsque le Sauveur eut dit ces choses, tous les disciples poussèrent des cris, disant : « Seigneur, tu nous frappes de délire, à cause des choses extrêmement relevées que tu nous as dites, et tu enlèves nos âmes, et elles désirent sortir de nous, pour aller vers toi, parce que nous venons de toi. Maintenant nos âmes sont rendues comme insensées, à cause des choses abstraites que tu nous dis, et elles nous tourmentent extrêmement, voulant sortir de nous pour s'élever dans les hautes régions supérieures, qui sont les lieux de ton royaume. » Et quand les disciples eurent ainsi parlé, le Sauveur, continuant de s'adresser à eux, dit : « Lorsque vous viendrez dans des villes, ou dans des royaumes, ou dans des pays quelconques, saluez les habitants, leur disant premièrement: Cherchez en tout temps et ne cessez, jusqu'à ce que vous trouviez les mystères de la lumière qui vous conduisent au règne de la lumière. Dites-leur: gardez-vous des doctrines ténébreuses ; beaucoup viendront en mon nom et diront: « Je suis et je ne suis pas, et ils tromperont beaucoup d'hommes. Maintenant, pour tous les hommes qui viendront à vous, afin qu'ils aient foi en vous, afin qu'ils entendent vos paroles et se rendent dignes du mystère de la lumière, donnez-leur les mystères de la lumière, et ne les leur cachez pas, et quant à celui qui est digne du mystère élevé, donnezle-lui, et celui qui est digne du mystère moindre, donnez-le-lui et ne cachez rien à aucun, mais pour le mystère de la résurrection des morts et de la guérison des maladies, ne le donnez pas à chacun ; donnez la doctrine à celui auquel elle appartient, car ce mystère appartient aux archons.

« C'est pourquoi, ne le donnez pas à chacun, mais lorsque vous aurez consolidé la foi dans le monde entier, afin que, lorsque vous serez venus dans une ville ou dans un endroit quelconque, et qu'ils ne vous recevront pas auprès d'eux, et qu'ils auront pas foi en vous, vous ressuscitiez les morts et vous guérissiez les boiteux et les aveugles, et toutes les maladies dans ces lieux-là, pour qu'ils croient en vous lorsque vous leur annoncerez le dieu de l'univers, et ils croiront en toutes vos paroles. C'est à cause de cela que je vous ai donné ce mystère, jusqu'à ce que vous ayez consolidé la foi dans le monde entier. »

Marie, continuant de parler, dit à Jésus: « Seigneur, quelle est la forme des ténèbres extérieures et combien renferment-elles de lieux de tourments ? » Jésus répondit: « Les ténèbres extérieures sont un grand dragon, dont la queue est en dedans de sa gueule, et il est en dehors du monde entier, et il entoure le monde entier. Il enserre un grand nombre de lieux de tourments, et ils comprennent douze divisions, consacrées à des supplices terribles. Dans chacune de ces divisions est un archon, et la figure de ces archons est diverse, et ils se transforment, prenant alternativement la figure l'un de l'autre. Le premier archon, présidant à la première division, a la forme d'un crocodile, dont la queue est rentrée dans sa gueule, et il sort de la gueule de ce dragon la glace, la peste, le froid de la fièvre et toutes sortes de maladies. Le véritable nom qu'il porte dans le lieu où il réside est Enchtonin. L'archon qui est dans la seconde division, a la figure d'un chat, et s'appelle, dans le lieu qu'il habite, Xhurakhar. L'archon qui se trouve dans la troisième division a la figure d'un chien, et porte dans ce lieu-là le nom de Arkharékh. L'archon de la quatrième division a la forme d'un serpent, et s'appelle Akhrékhar. L'archon qui fait sa demeure dans la cinquième division, a la forme d'un veau noir, et il se nomme Markhour. L'archon qui habite la sixième division, est sous la figure d'un sanglier, et son nom est Lamkhamér. L'archon de la septième division a la figure d'un ours, et on l'appelle Lokhar. L'archon qui occupe la huitième division, a la forme d'un vautour, et il se nomme Laraokh. L'archon qui se trouve dans la neuvième division, a la figure d'un basilic, et on l'appelle Arkheékh. Dans la dixième division existent un grand nombre de dragons, qui ont chacun sept têtes de dragons, et leur chef se nomme Xarnarékh. La onzième division renferme également une grande quantité d'archons, qui ont chacun sept têtes de chat, et qui ont pour chef un archon qui, dans ce lieu, porte le nom de Rokhar. Dans la douzième division, il y a une multitude d'archons, plus nombreux que dans aucune autre ; ils ont chacun sept têtes à faces de chien, et leur chef s'appelle, dans le lieu où il est attaché, Khrêmaér. Ce sont là les archons des douze divisions, lesquels sont placés dans l'intérieur du dragon des ténèbres extérieures. Chacun d'eux change de nom et alterne de figure d'heure en heure ; les douze divisions ont chacune une porte, qui ouvre vers le haut, de sorte que le dragon des douze ténèbres extérieures, qui se compose de douze divisions, séjour de l'obscurité, devient roi de chaque division quand elle s'ouvre vers le haut, et un ange des régions supérieures veille sur chacune des portes de ces douze divisions, et il a été placé là par l'éon, le premier homme, le gardien de la lumière, le doyen du premier ordre, afin que le dragon et que tous les archons restent dans les lieux qui leur ont été assignés. »

Et quand le Sauveur eut ainsi parlé, Marie-Madeleine lui répondant, dit: « Seigneur, est-ce que les âmes qui sont conduites dans ces lieux, ont à passer par ces douze portes pour y souffrir chacune les tourments qu'elles méritent ? » Et le Sauveur répondant à Marie dit: « Nulle âme n'est conduite vers le dragon par ces portes, si ce n'est les âmes des blasphémateurs et de ceux qui sont plongés dans une doctrine trompeuse, et de ceux qui enseignent la fausseté, et de ceux qui pèchent contre nature, et des hommes souillés de vices et ennemis de Dieu, et de tous les impies, des adultères et des empoisonneurs ; toutes les âmes de ces pécheurs, s'ils n'ont pas fait pénitence en ce monde, et s'ils ont persisté dans leur péché, lorsque le temps qui leur a été assigné sur la terre sera accompli, seront conduites par la porte de la queue du dragon dans la division des ténèbres extérieures, et lorsqu'elles auront été conduites dans les ténèbres extérieures par la porte de sa queue, il replacera sa queue dans sa bouche, afin de fermer la porte. C'est de cette manière que les âmes sont conduites dans les ténèbres extérieures. Et les douze noms du dragon des ténèbres extérieures sont des noms inscrits sur les portes des diverses divisions, et ces noms sont différents, mais ils alternent entre eux, afin que qui a dit un nom, dise les douze. C'est ce que je vous dirai dans l'émanation de l'univers. Et telles sont les ténèbres extérieures qui sont les mêmes que celles du dragon. »

Lorsque le Sauveur eut ainsi parlé, Marie répondant au Sauveur, dit: « Seigneur, les tourments de ce dragon sont-ils plus terribles que tous les autres tourments qui existent ? » Et le Sauveur répondit à Marie: « Non seulement ces tourments sont plus terribles que tous ceux qui existent, mais encore toutes les âmes qui seront conduites en ces lieux, seront tourmentées par une gelée, un froid rigoureux, et par un feu très violent qui sont en ce lieu. » Et Marie dit: « Malheur aux âmes des pécheurs! Maintenant, Seigneur, dis-nous quel est le plus violent du feu qui est dans ce monde ou du feu qui est dans l'enfer ? » Et le

Sauveur répondit à Marie: « En vérité, je vous le dis: le feu qui est dans l'enfer est neuf fois plus violent que le feu qui est dans le monde du genre humain, et le feu qui est dans les supplices du grand chaos, est neuf fois plus terrible que celui qui est dans l'enfer, et le feu qui est dans le tourment des archons dans la voie du milieu, est neuf fois plus terrible que le feu des supplices qui sont dans le grand chaos, et le feu qui est dans le dragon des ténèbres extérieures et dans tous les lieux de châtiment qui sont en lui, est sept fois plus terrible que le feu qui est dans les tourments des archons dans la voie du milieu. » Et quand le Sauveur eut dit cela à Marie, elle frappa sa poitrine, et elle pleura ainsi que tous les disciples, et ils s'écrièrent: « Malheur aux pécheurs, car leur châtiment est grand ! »

Lorsque le Sauveur eut ainsi parlé, Salomé, se levant, dit: « Seigneur, tu nous as dit autrefois: celui qui ne quitte pas son père et sa mère pour me suivre, n'est pas digne de moi », et tu nous as dit ensuite: « quittez vos parents pour que je vous fasse enfants du premier mystère jusque dans l'éternité » ; mais, Seigneur, il est écrit dans la loi de Moïse, que celui qui a négligé son père et sa mère, doit mourir de mort ? est-ce que cette loi ne contrarie pas ce que tu nous as dit ? »

Lorsque Salomé eut dit ces paroles, Marie-Madeleine, inspirée par la force de la lumière qui bouillonnait en elle dit au Sauveur: « Seigneur permets que j'élève la voix afin que, parlant à ma sœur Salomé, je lui dise la solution de la parole que tu as dite. » Il advint que lorsque le Sauveur eût entendu ces paroles que dit Marie, il la félicita grandement. Et le Sauveur, répondant à Marie, dit : Je te permets, Marie, de dire la solution de la parole qu'a dite Salomé. » Et quand le Sauveur eut ainsi parlé, Marie, s'avançant vers Salomé, lui dit : « Ma sœur Salomé, tu as cité la parole qu'il y a dans la loi de Moïse, que celui qui a négligé son père et sa mère, meure de mort, mais, ma sœur, la loi de Moïse ne dit pas cela au sujet de l'âme, mais au sujet du corps ; elle ne le dit pas au sujet de ceux qui sont fils des archons et qui sont des nôtres, mais la loi le dit de la force qui est sortie du Sauveur et qui est aujourd'hui en nous, l'hôte de la lumière. La loi dit encore: Quiconque restera hors du Sauveur et de ses mystères, non seulement qu'il meure de mort, mais encore il périra dans sa malice. » Et quand Marie eut ainsi parlé, Salomé se tourna vers Marie de nouveau, et Salomé dit: « La puissance du Sauveur suffit pour me rendre semblable à toi en intelligence. » Il advint que lorsque le Sauveur eut entendu les paroles de Marie, il la félicita grandement. Le Sauveur continuant de parler dit à Marie, au milieu des disciples: « Écoute donc, Marie, quel est l'état de l'homme jusqu'à ce qu'il commette un péché. Les archons des puissances mauvaises combattent contre l'âme à toute heure, lui faisant commettre tous les péchés et toutes les fautes, et ils commandent aussi à l'adversaire de l'esprit, disant: si l'âme sort de nouveau du corps, ne l'épargne pas, mais conduis-la dans tous les lieux des tourments selon leur disposition à cause de tous les péchés que tu lui as fait commettre.

Quand Jésus eut parlé ainsi, Marie, lui répondant, dit: « Seigneur, si les hommes, qui chercheront la lumière rencontrent des doctrines trompeuses, comment sauront-ils s'ils sont destinés vers toi ou non. » Et le Seigneur répondit à Marie: « Je vous l'ai déjà dit: Soyez comme d'habiles changeurs d'argent, c'est à-dire, recevez-le bien, rejetez le mal. Maintenant, dites à tous les hommes qui sont en quête de Dieu: Si le vent de l'aquilon se fait sentir, vous savez qu'il y aura du froid ; si c'est le vent de l'ouest, vous reconnaissez que c'est la chaleur et la sécheresse qu'il faut attendre. Dites donc à ces hommes justes: si vous connaissez la face du ciel et de la terre, et les signes des vents, lorsque quelques-uns viendront vers vous pour connaître Dieu, vous reconnaîtrez si leurs paroles s'harmonisent et concordent avec toutes celles que je vous ai dites, depuis les deux martyres jusqu'au troisième témoignage, et celles qui s'accorderont dans la constitution de l'air, et des cieux et des astres, et de toute la terre et de tout ce qu'elle contient, et de toutes les eaux, et de toutes les choses qu'elles renferment dans la constitution de l'air, et des cieux, et des cercles, et des astres, et de toute la terre, et de tout ce qu'elle renferme, et de toutes les eaux et de tout ce qu'elles renferment, ceux qui viendront vers vous leurs paroles s'accordent avec toutes les connaissances que je vous ai données et je recevrai ceux qui nous appartiennent. Voilà ce que vous direz aux hommes qui vous interrogeront pour qu'ils se tiennent en garde contre les doctrines mauvaises. C'est à cause des hommes qui n'ont jamais fait de mal et qui n'ont jamais commis de péché, et qui devant trouver les mystères que j'ai voulus qui fussent consignés dans le livre Ieû afin que Hénoch écrivît dans le paradis, lorsque jc lui parlais de l'arbre de la science et de l'arbre de la vie, et que j'ai voulu qu'il mit sur la pierre d'Ararad, et j'ai mis l'archon Calapaturoth qui est sur le Skemmut, où est le pied de Ieû, et il entoure tous les éons et les heimarménés ; j'ai placé cet archon pour garder les livres de Ieû et les empêcher d'être détruits, et pour qu'aucun des archons jaloux ne détruise ceux que je vous donnerai et où je vous aurai dit l'émanation de l'univers. »

Quand le Sauveur eut ainsi parlé, Marie lui répondant, dit: « Seigneur, quel est l'homme dans le monde qui n'ait jamais commis aucun péché et qui soit demeuré exempt de toute faute, car, s'il s'est préservé d'une faute, il ne sera pas préservé d'une autre pour qu'il trouve les mystères qui sont dans le livre de Ieû, je vous dis qu'il n'y aura nul homme dans le monde exempt de tout péché. »

Le Sauveur, répondant à Marie, dit: « Je vous dis que vous en trouverez un sur mille et deux sur dix mille, à cause de la consommation du mystère du premier mystère. C'est ce que je vous dirai lorsque je vous aurai expliqué toutes choses, et c'est pourquoi j'ai apporté les mystères dans le monde où tous sont sous le péché et où tous ont besoin des dons des mystères. »

Marie, répondant au Sauveur, dit: « Seigneur, avant que tu ne fusses venu dans les régions des archons, et avant que tu ne fusses venu dans le monde, est-ce que nulle âme n'était venue à la lumière ? » Le Sauveur, répondant à Marie, dit: « En vérité, en vérité, je vous le dis, avant que je fusse venu dans le monde, nulle âme n'est entrée dans la lumière. Et maintenant que je suis entré, ouvrant les voies de la lumière, j'ai ouvert les voies qui conduisent à la lumière, et maintenant que celui qui a fait chose digne des mystères, reçoive le mystère pour parvenir à la lumière. » Marie, répondant de nouveau, dit: « Seigneur, j'ai entendu que les prophètes étaient venus à la lumière. » Le Seigneur répondit à Marie:

« En vérité, en vérité, je te le dis : nul prophète n'est venu à la lumière, mais les archons des éons leur ont parlé depuis le séjour des éons, et ils leur ont donné les mystères des éons, et quand je suis venu dans les régions des éons, prenant Élie, je l'ai envoyé dans le corps de Jean-Baptiste, et j'ai placé les autres dans les corps de justes devant trouver les mystères de la lumière, afin qu'élevés dans les régions supérieures, ils entrassent en possession du royaume de la lumière. J'ai remis à Abraham, à Isaac et à Jacob tous leurs péchés et toutes leurs fautes, et je leur ai donné les mystères de la lumière dans le séjour des éons, et je les ai placés dans les régions de Jabraoth, et de tous les archons qui appartiennent aux régions du milieu, et m'élevant, j'irai vers la lumière, et je porterai leurs âmes avec moi dans la lumière. En vérité, je te le dis, Marie, nul ne viendra à la lumière avant que je n'ai apporté à la lumière ton âme et celle de tous tes frères, ainsi que le reste des martyrs et des justes depuis le temps qu'Adam jusqu'à ce temps. Et lorsque je viendrai dans les régions des éons, je les placerai dans les corps des justes futurs, afin qu'ils trouvent tous les mystères de la lumière, et qu'ils entrent dans la possession du royaume de la lumière. »

Marie répondant, dit: « Nous sommes heureux au-dessus de tous les hommes à cause des grandes choses que tu nous as révélées. » Le Sauveur répondant à Marie et à tous ses disciples, dit : « Je vous révélerai aussi tous les secrets de la profondeur depuis la partie intérieure des choses intérieures jusqu'à la partie extérieure des choses extérieures, et vous serez ainsi parfaits en toute connaissance, et dans la sublimité des choses les plus sublimes et dans la profondeur de la profondeur. » Et Marie dit au Sauveur: « Seigneur, nous savons avec sincérité que tu as apporté les clefs des mystères du royaume de la lumière, qui remettent les péchés des âmes, afin qu'elles soient purifiées et qu'étant rendues dignes de la lumière, elles soient conduites à la lumière. »

Il arriva ainsi qu'après que Notre-Seigneur eut été crucifié, il ressuscita d'entre les morts le troisième jour. Et ses disciples réunis autour de lui, le priaient, disant: « Seigneur, aie pitié de nous, qui ayant abandonné notre père, et notre mère, et le monde entier, t'avons suivi. » Alors Jésus, étant avec ses disciples auprès de la mer qu'on appelle l'Océan, fit cette prière en disant: « Écoute-moi, mon Père, Père de toute paternité, et l'infinie lumière: aeiou, ao aoi, ôiapsinother, thernops, nopsither, zagoyrê, zagoyrê, nethmomaoth, nepsiomaoth, marachachtha, thobarrabai, tharnachachan, zorokothora, Ieou, sabaoth. » Et lorsque Jésus disait ces paroles, Thomas, André, Jacques, et Simon le Cananite, étaient à l'occident, ayant leurs visages tournés vers l'orient, Philippe et Barthélemy étaient au midi, ayant leurs visages tournés vers le septentrion. Les autres disciples et les femmes qui étaient disciples de Jésus étaient derrière lui. Jésus se tenait debout auprès de l'autel, et Jésus se tournant vers les quatre coins du monde avec ses disciples, tous revêtus de vêtements de lin, dit : « Iaô, iaô, iaô ; voici quelle est la signification de ce mot: l'iota signifie que l'univers a été émané ; l'alpha qu'il reviendra d'où il est sorti ; l'omega, que ce sera la fin des fins. » Et Jésus ayant prononcé ces paroles, dit: « Iaphtha, iaptha, moinmaêr, moinaêr, ermanoier, ermanoier ; ce qui signifie : Père de toute paternité, des infinis, tu m'entendras à cause de mes disciples que j'ai amenés devant toi, parce qu'ils ont cru à toutes les paroles de ta vérité, et tu feras toutes les choses pour lesquelles j'ai crié vers toi, car je connais le nom du père du trésor de la lumière. »

Et Jésus s'écria de nouveau, disant le nom du père du trésor de la lumière, et il dit: « Que tous les mystères des archons et des anges, et des archanges, et toutes les forces et toutes les choses des dieux invisibles, les conduisent en haut pour les ranger à la droite. » Et en ce moment tous les cieux se tournèrent vers l'occident, et tous les éons, et la sphère, et leurs archons, et toutes leurs puissances s'enfuirent vers l'occident à la gauche du disque du soleil et du disque de la lune. Le disque du soleil était un grand dragon, dont la queue était dans sa bouche ; il monta dans les sept puissances de la gauche et il était traîné par quatre puissances ayant la figure de chevaux blancs. La base de la lune avait la figure d'un navire que traînaient deux bœufs blancs, qui y étaient attelés et que dirigeaient un dragon mâle et un dragon femelle: une figure d'enfant, placée sur la poupe, dirigeait les dragons qui enlevaient la lumière aux archons, la figure d'un chat était devant lui. Et le monde entier, et les montagnes, et les mers s'enfuirent vers l'occident du côté gauche. Et Jésus et ses disciples restèrent au milieu des régions de l'air, dans les voies de la voie du milieu qui est au-dessus de la sphère. Et ils vinrent dans la première division qui est au milieu. Et Jésus était debout au milieu des airs avec ses disciples. Et les disciples de Jésus lui dirent: « Quel est ce lieu dans lequel nous sommes ? » Jésus leur dit: « C'est le lieu de la voie du milieu. Car il est arrivé que lorsque les archons d'Adam se révoltèrent, ils persistèrent à se livrer entre eux à des actions coupables, procréant des archons, et des archanges, et des anges et des décans. Alors Ieû, le père de mon père, sortit de la droite, et le lia dans une heimarméné de la sphère. Là étaient douze éons : Sabaoth Adamas était au-dessus de six, et Jabraoth, son frère, au-dessus des six autres. Alors Jabraoth eut foi aux mystères de la lumière avec ses archons, et il agit selon les mystères de la lumière, et il laissa les mystères de l'union coupable. Mais Sabaoth Adamas continua à faire les œuvres de l'union coupable avec ses archons. Et Ieû, le père de mon père, ayant vu que Jabraoth avait la foi, il l'enleva, lui et tous ses archons qui partageaient sa foi. Le recevant dans la sphère, il le conduisit dans l'air pur, devant la lumière du soleil, entre les régions de ceux qui appartiennent au milieu et entre les régions de l'invisible de Dieu ; il le plaça là avec les archons qui avaient eu foi en lui, et portant Sabaoth Adamas avec ses archons qui n'avaient point fait les œuvres des mystères de la lumière, mais qui persistant à faire les œuvres de l'union coupable, il les lia dans la sphère, liant mille huit cents archons, et parmi tous les éons, il plaça trois cent soixante sur eux. Il plaça cinq autres grands archons sur les trois cent soixante archons, et sur tous les archons enchaînés, et ces cinq archons sont, dans le monde du genre humain, appelés de ces noms: le premier s'appelle Cronon, le second Arès, le troisième Hermès, le quatrième Aphrodite, le cinquième Dios »[15]

Et Jésus, continuant de parler dit : « Écoutez encore, que je vous raconte leurs mystères. Il arriva que lorsque Ieû les eut ainsi liés, tirant une grande puissance hors du grand Invisible, il la lia dans celui qu'on appelle Cronon, et tirant une autre puissance de Ipsan-tachoinchainchoicheôch, qui est un des trois dieux triples pouvoirs, il la lia sur Arès, et tirant une puissance de Xaïnchôôôch, qui est un des trois dieux triples pouvoirs, il la lia sur Hermès, et tirant encore une puissance de la Fidèle Sagesse, fille de Barbelos, il la lia sur Aphrodite. Et songeant qu'ils avaient besoin d'un gouvernail pour diriger le monde et les éons de la sphère, afin que leur malice ne perdît pas le monde, il monta vers le milieu emmenant la puissance du petit Sabaoth, le bon, celui qui appartient au milieu, et il la lia en Arès, parce qu'il est bon, afin que sa bonté les dirigeât. Et il régla la conversion de sa marche de manière qu'il passât treize mois dans chaque station, pour que chaque archon auquel il viendrait fut hors d'état d'exercer sa malice. Et il lui donna pour compagnons deux éons venant de la région de ceux qui appartiennent à Hermès. Je vous ai dit la première fois les noms de ces cinq archons, tels que les hommes du monde les appellent. Écoutez encore, que je vous dise leurs noms qui sont ceux-ci : Orimoith est Cronos, Moinichoiaphor est Arès, Tarpetanoiph est Hermès ; Chôsi est Aphrodite, Chômbal est Dios. Tels sont leurs noms. »

Lorsque les disciples eurent entendu ces paroles, ils adorèrent Jésus en se prosternant devant lui, et ils dirent: « Nous sommes heureux au-dessus de tous les autres hommes, puisque tu nous as révélé ces grandes merveilles. » Et ils continuèrent de le prier, disant: « Nous t'en prions, révèle-nous pourquoi sont ces diverses voies ? »

Et Marie venant vers lui, se prosterna et lui baisa les pieds, en disant : « Seigneur, révèle-nous quels sont les secrets des voies du milieu ? Car nous avons appris de toi qu'elles sont placées sur de grands tourments. Quelle est donc la manière, Seigneur, dont elles sont réglées et comment devons-nous en être délivrés ? Et comment prennent-elles possession des âmes, et quel est le temps que les âmes passent dans leurs tourments ? Aie pitié de nous, Seigneur, notre Sauveur, de peur que les chefs de ces voies du milieu ne s'emparent de nos âmes et qu'ils ne les soumettent à leurs tourments terribles, nous privant ainsi de la lumière de ton Père, et ne permets point que nous soyons dans le malheur et dans le dénuement, étant éloignés de toi. » Et quand Marie eut parlé ainsi en pleurant, Jésus, répondant dans sa grande miséricorde, leur dit: « Réjouissez-vous, mes frères et mes bien-aimés, qui avez quitté votre père et votre mère à cause de mon nom, je vous donnerai toute connaissance et vous révélerai tous les mystères ; je vous montrerai les mystères des douze archons des éons et de leurs rangs et de leurs fonctions, et la manière de les invoquer, afin de parvenir en leurs régions, et je vous montrerai aussi le mystère du treizième éon, et la manière de l'invoquer afin de parvenir à ses régions, et je vous donnerai le mystère du baptême de ceux qui appartiennent au milieu et la manière de les invoquer, afin de parvenir à leur région, et je vous donnerai le mystère de ceux qui appartiennent à la droite, notre région, et la manière de l'invoquer afin d'y parvenir ; je vous donnerai tous les mystères et toute connaissance, aussi serez-vous appelés les fils accomplis pourvus de toute connaissance et instruits de tous les mystères. Vous êtes heureux au-dessus de tous les hommes qui sont sur la terre, parce que les fils de la lumière sont venus en votre temps. »

Jésus, continuant son discours, dit: a Il arriva que le

père de mon père, qui est Ieû, vint et prit trois cent soixante archons parmi les archons d'Adamas qui n'avaient pas eu foi au mystère de la lumière et il les lia dans ces régions de l'air dans lesquelles nous sommes maintenant au-dessus de la sphère, et il établit cinq grands archons au-dessus d'eux, qui sont ceux qui sont dans la voie du milieu et qu'on appelle : Paraplex, qui est un archon ayant la figure d'une femme dont les cheveux descendent jusqu'à ses pieds. Il y a vingt-cinq archidémons sous sa direction ; ils sont les chefs de beaucoup d'autres démons, et ces démons sont ceux qui entrent dans les hommes pour qu'ils se livrent à la colère, et à des rixes, et à des actions mauvaises, et ils s'emparent des âmes des pécheurs, les tourmentant par la fumée de leurs ténèbres et par leurs supplices. » Et Marie dit: « Pardonne-moi, Seigneur, si je t'interroge, et ne te fâche pas contre moi qui demande à savoir toute chose. » Et Jésus dit: « Demande ce que tu voudras. » Et Marie dit: « Seigneur, révèle-nous comment ces démons s'emparent des âmes afin que mes frères le sachent aussi. »

Et Jésus dit: « Le Père de mon père, qui est Ieû et qui est celui qui veille sur tous les archons, et les dieux, et sur les puissances qui ont été faites dans la matière du trésor de la lumière et Melchisédech qui est là, envoyé de toutes les lumières qui purifient parmi les archons, les conduisent dans le trésor de la lumière ; ils sont, eux deux seuls, de grandes lumières dont la fonction est celle-ci: Descendant vers les archons, ils se purifient en eux et Melchisédech enlève la partie de la lumière qu'ils ont purifiée parmi les archons pour la conduire dans le trésor de la lumière.

Ils passeront cent trente-trois ans et neuf mois, dans les tourments de ce lieu. Et après tous ces temps, lorsque la sphère du petit Sabaoth Dios se tournera pour qu'elle parvienne au premier éon de la sphère que l'on appelle

Aphrodite, lorsqu'elle parviendra à la septième figure de la sphère qui est la lumière, elle sera livrée aux satellites qui sont parmi ceux qui appartiennent à la droite et à la gauche, et le grand Sabaoth, le bon, le souverain de tout le monde et de toute la sphère, regardera de la hauteur sur les âmes qui seront dans les tourments, et elles seront une autre fois envoyées sur la sphère. »

Et Jésus continuant de parler, dit: « La seconde place est à celle que l'on appelle Arioith l'Éthiopienne qui est un archon femelle noire, et ayant quatorze démons au-dessous d'elle ; c'est un archon qui est au-dessus de beaucoup d'autres démons, et ces démons qui sont sous Arioith l'Éthiopienne, ce sont ceux qui retournent dans les hommes incendiaires, les excitant à livrer des combats, pour qu'ils commettent des meurtres et donnent de la dureté aux cœurs des hommes auxquels ils soufflent la colère pour qu'ils commettent des meurtres, et les âmes que cette rang subjuguera lorsqu'elles sortiront de la sphère, resteront cent treize ans dans sa région, et elles seront tourmentées de sa fumée obscure et de son ardeur, pour qu'elles approchent de leur perte. Et ensuite quand la sphère sera tournée, viendra le petit Sabaoth le bon, que l'on appelle dans le monde Zeus ; lorsqu'il viendra à la quatrième sphère des éons qui est l'écrevisse, et lorsque viendra Aphrodite, pour qu'elle arrive dans la sixième sphère des éons que l'on appelle le capricorne, elle sera livrée aux suivants qui sont parmi ceux qui appartiennent à la droite et à la gauche, et Ieû regardera du côté droit, afin que tout le monde soit ému et agité avec tous les éons de toutes les sphères, il regardera dans le lieu où habite Arioith l'Éthiopienne, et toutes ses régions seront dissoutes, afin qu'elles périssent, et toutes les âmes qui sont soumises à ses tourments, seront enlevées, afin d'être rejetées une autre fois dans la sphère, pour qu'elles y périssent par l'effet de sa fumée obscure et de son ardeur. »

Et Jésus continuant, dit: « Le troisième rang, que l'on appelle Hécate et qui est douée de trois visages, a vingt-sept démons sous son commandement. Ce sont ceux qui entrent dans les hommes pour les amener à se parjurer, et pour qu'ils disent des mensonges, et pour qu'ils aiment ce qui n'est pas à eux. Les âmes qui seront au pouvoir d'Hécate, elle les livrera à ses démons qui sont sous elle, afin qu'ils les tourmentent de sa fumée obscure et de son ardeur, les faisant souffrir grandement par le moyen de ses démons. Et pendant cent quinze ans et six mois ils les tourmenteront, leur faisant souffrir leurs supplices terribles. Et ensuite, lorsque la sphère sera tournée, pour que vienne le petit Sabaoth le bon, celui qui appartient au milieu, et que l'on appelle dans le monde Zeus, pour qu'il vienne dans la huitième sphère des éons que l'on appelle Scorpion, et pour que Boubastis que l'on appelle Aphrodite, vienne dans la seconde sphère que l'on appelle Taureau, ils tireront les voiles qui sont parmi ceux qui appartiennent à la droite et à la gauche, et le pontife Melchisédech regardera d'en haut pour que la terre s'émeuve ainsi que les montagnes, et pour que les archons soient troublés, et il regardera dans toutes les régions d'Hécate, pour que toutes ses régions soient dissoutes, afin qu'elles périssent, et pour que toutes les âmes qui sont sujettes à ses tourments, soient rejetées une autre fois dans la sphère, parce qu'elles succombent à l'ardeur de ses tourments. »

Et Jésus continuant, dit: « Le quatrième rang que l'on appelle l'assesseur Typhon qui est un archon puissant sous la domination duquel sont trente-deux démons. Ce sont ceux qui entrent dans les hommes pour les faire tomber dans la débauche et dans l'impureté, pour qu'ils commettent des adultères et qu'ils se livrent sans cesse aux œuvres de la chair. Les âmes que cet archon égarera ainsi et ceux qui seront en sa puissance, seront cent trente-huit ans dans ses régions, les démons qui sont sous lui, les tourmentant de sa fumée obscure et de son ardeur, jusqu'au moment de les faire périr. Il arrivera que lorsque la sphère se sera tournée pour que vienne le petit Sabaoth, qui appartient au milieu que l'on appelle Zeus, quand il viendra à la neuvième sphère des éons, qui appartiennent au milieu, que l'on appelle Doxothen et Boubastis, que l'on appelle dans le monde Aphrodite, viendra un troisième éon que l'on appelle les Jumeaux, les voiles seront tirés, qui sont entre ceux qui appartiennent à la droite et à la gauche, et l'archon qui est appelé Zaraxax, et qui est un archon puissant. Il regardera dans la demeure de Typhon, pour que ses régions soient détruites, afin que les âmes qui sont soumises à ses tourments soient rejetées une autre fois dans la sphère, parce qu'elles succombent par suite de sa fumée obscure et de son ardeur. »

Et Jésus, continuant de parler, dit à ses disciples: « Le cinquième rang appartient à l'archon qu'on appelle Iachtanubus qui est un archon puissant ayant sous lui beaucoup d'autres démons ; ce sont ceux qui entrent dans les hommes pour qu'ils commettent des injustices, favorisant la personne des pécheurs, recevant des présents afin de rendre des jugements iniques, oubliant ceux qui sont pauvres et indigents, et n'ayant nul souci de leur vie ; s'ils ne font pas pénitence avant que leurs âmes ne quittent leur corps, ils tomberont au pouvoir de cet archon, et les âmes que cet archon possédera, seront livrées à ses supplices pendant cent cinquante ans et huit mois, étant tourmentées par sa fumée obscure et par son ardeur, et souffrant extrêmement de la flamme de son ardeur. Et lorsque la sphère se tournera pour que vienne le petit Sabaoth, le bon, que l'on appelle dans le monde Zeus, qu'il vienne dans la onzième sphère des éons que l'on appelle le Verseau, et lorsqu'Aphrodite viendra dans la cinquième sphère des éons, les voiles qui sont entre ceux qui appartiennent à la gauche et à la droite seront tirés, et le grand Iuv, le bon, regardera des régions supérieures dans les régions de Jeuchtanabus, afin que ses régions soient détruites, et que toutes les âmes qui sont soumises à ses tourments, soient rejetées de nouveau dans la sphère, parce qu'elles sont au moment de périr dans ses supplices. »

« Tels sont les secrets des voies du milieu sur lesquelles vous m'avez interrogé. » Lorsque les disciples eurent entendu ces paroles, ils se prosternèrent devant Jésus, et l'adorèrent, disant: « Assiste-nous, Seigneur, aie pitié de nous, pour que nous soyons préservés de ces tourments terribles qui sont préparés pour les pécheurs. Malheur, malheur aux fils des hommes, parce qu'ils sont comme des aveugles, allant à tâtons dans les ténèbres et ne voyant rien! Aie pitié de nous, Seigneur, dans le grand aveuglement où nous sommes, et aie pitié de toute la race des hommes, parce que leurs ennemis guettent leurs âmes, comme des lions cherchant leur proie, cherchant à les égarer et à les faire tomber dans les régions des tourments, à cause de l'oubli et de l'ignorance qui sont en elles. Aie donc pitié de nous, Seigneur, notre Sauveur, aie pitié de nous, délivre-nous de ce grand trouble d'esprit. » Jésus répondit à ses disciples: « Ayez confiance et ne craignez pas ; vous êtes heureux, car je vous rendrai maîtres sur tous les hommes, et ils vous seront tous soumis. Souvenez-vous que je vous ai déjà dit que je vous donnerai les clefs du royaume des cieux. Maintenant, je vous dis encore que je vous les donnerai. »

Jésus ayant ainsi parlé, les régions de la voie du milieu furent cachées, et Jésus, avec ses disciples, resta entouré d'une lumière éblouissante. Et Jésus dit à ses disciples : « Approchez-vous de moi », et ils s'en approchèrent. S'étant tourné vers les quatre coins du monde, il prononça un grand nom sur leur tête, en les prêchant, et il souffla dans leurs yeux. Jésus leur dit: « Voyez et regardez ce que vous verrez. » Et, levant les yeux, ils virent une lumière extraordinaire, tellement vive, que nul habitant de la terre ne pourrait en donner l'idée. Et il leur dit derechef : « Regardez cette lumière et voyez ; que voyez-vous ? » Et ils répondirent: « Nous voyons le feu, et l'eau, et le vin, et le sang. » Et Jésus dit à ses disciples: « En vérité, en vérité, je vous le dis, je n'ai apporté, en venant dans le monde, que ce feu, et cette eau, et ce vin, et ce sang. J'ai apporté l'eau et le feu dans les régions de la lumière des lumières, les trésors de la lumière, j'ai amené le vin et le sang dans les régions de Barbetis, et après un peu de temps, mon Père m'a envoyé l'Esprit-Saint sous la forme d'une colombe. Le feu, et l'eau, et le vin, sont pour la guérison de tous les péchés du monde ; le sang fut aussi donné pour le salut du genre humain. Je le reçus sous la forme de Barbetis, la grande puissance arsale de Dieu. Et l'Esprit attire à lui toutes les âmes, les conduisant dans les régions de la lumière. C'est pourquoi je vous le dis: Je suis venu pour jeter le feu sur la terre, c'est-à-dire, je suis venu pour châtier les péchés de tout ce monde par le feu, et c'est pour cela que j'ai dit à la Samaritaine: « Si tu connaissais les dons de Dieu et celui qui t'a dit: Apporte-moi de l'eau que je boive, tu lui en aurais demandé toi-même, afin qu'il te donne de l'eau de la vie, afin qu'elle fût pour toi une source jaillissant jusqu'à la vie éternelle [16] », et c'est aussi pour cela que, prenant le calice de la vie, je vous l'ai donné, parce que c'est le sang de l'alliance qui sera versé pour vous, pour la rémission de vos péchés, et c'est pour cela qu'une lance a été enfoncée dans mon côté. Il en sortit du sang et de l'eau. Ce sont les mystères de la lumière, qui remettent les péchés, et ce sont les noms de la lumière. » Et lorsque Jésus eut dit cela, toutes les puissances mauvaises (sinistre), retournèrent à leurs régions.

Et Jésus et ses disciples restèrent sur la montagne de Galilée. Et les disciples continuant de s'adresser à lui, dirent: « Quand est-ce donc que tu as opéré la rémission des péchés que nous avons commis, et que tu nous rendras dignes du royaume de ton Père ? » Et Jésus leur dit: « En vérité je vous le dis, je puis non seulement racheter vos péchés, mais encore vous rendre dignes du royaume de mon Père et vous donner le mystère de la rémission des péchés sur la terre, afin que celui auquel vous aurez remis ses péchés sur la terre, ils lui soient remis dans les cieux, et que celui que vous aurez lié sur la terre, soit lié dans les cieux. Je vous donnerai le mystère du royaume des cieux, afin que vous les fassiez aussi connaître aux hommes. » Et Jésus leur dit : « Apportez-moi du feu et des branches de palmier. » Et ils lui apportèrent tout ce qu'il demandait. Et remettant l'offrande, il plaça deux vases de vin, un à droite, et un à gauche. Il plaça l'offrande devant, et il posa le calice d'eau devant le vase de vin qui était à droite, et il posa le calice de vin devant le vase de vin qui était à gauche, et il posa les pains rangés en ordre, dans le milieu des calices. Il posa le calice d'eau après les pains, et Jésus se tenant devant l'offrande, plaça derrière lui ses disciples, tous vêtus de vêtements de lin, ayant dans leurs mains le sceau du nom du Père des trésors de la lumière.

Et il s'écria, disant: « Écoute-moi, mon Père, Père de toutes les paternités, je vous choisis pour remettre les péchés et pour purifier de toutes les fautes. Remets les péchés de ces disciples qui me suivent et purifie-les de leurs fautes, afin qu'ils soient dignes d'entrer dans le royaume de mon Père. Père du trésor de la lumière, sois-leur propice, parce qu'ils m'ont suivi et qu'ils ont observé mes commandements. Maintenant, mon Père, Père de toute paternité, qu'ils viennent, ceux qui remettent les péchés, dont je dirai les noms.

« Écoutez-moi, remettez les péchés de ces âmes et éteignez leurs fautes. Qu'elles soient dignes d'être admises au royaume de mon Père, Père de la lumière, car je connais tes grandes puissances, et je les invoque: Auer, Bebrô, Athroni, Heoureph, Heôné, Souphen, Knitousochreôph, Mauônbi, Mneuor, Souôni, Chôcheteôph ; Chôchê, Anêmph ; remettez les péchés de ces âmes, éteignez les fautes qu'ils ont faites avec connaissance et qu'ils ont faites sans connaissance, qu'ils ont faites dans la débauche et l'adultère jusqu'au jour d'aujourd'hui ; remettez-leur leurs fautes, et qu'ils soient dignes d'entrer dans le royaume de mon Père, ceux qui participent à cette offrande, ô mon Père saint. Si donc, mon Père, tu m'entends, et que tu remettes les péchés de ces âmes et que tu effaces leurs fautes et que tu les rendes dignes d'entrer dans ton royaume, donne-moi un signe en cette offrande », et le signe se fit comme Jésus le demandait.

Et Jésus dit à ses disciples: « Réjouissez-vous et soyez dans l'allégresse, parce que vos péchés vous sont remis, et que vos fautes sont effacées, et que vous êtes dignes d'être admis au royaume de mon Père. » Et quand il eut parlé ainsi, les disciples ressentirent une joie extrême. Et Jésus leur dit: « Telle est la raison et tel est le mystère que vous ferez aux hommes qui seront fidèles et dans lesquels il n'y a aucune fraude, et qui écouteront vos discours avec un cœur pur. Leurs péchés et leurs fautes seront effacés jusqu'à ce jour, lorsque vous leur donnerez ce mystère. Mais cachez ce mystère, et ne le révélez pas à tout homme, à moins qu'il ne fasse toutes les choses que je vous ai dites dans les commandements que je vous ai donnés, car c'est le mystère du baptême de ceux qui leur remettent leurs péchés et qui effacent leurs fautes. C'est le baptême de la première offrande qui conduit dans la région de la vérité et dans l'intérieur de la région de la lumière. »

Ensuite ses disciples lui dirent: « Maître, révèle-nous les mystères de la lumière de ton Père, car nous t'avons entendu dire: il est un autre baptême de fumée, et il y a un autre baptême du souffle de la lumière sainte, et il y a l'onction pneumatique (πνευματική) qui conduisent les âmes dans le trésor de la lumière. Apprends-nous donc leurs mystères, afin que nous entrions en possession du royaume de ton Père. » Et Jésus leur dit: « Nul mystère n'est plus grand que celui que vous voulez connaître ; il conduira votre âme à la lumière des lumières, aux régions de la vérité et de la bonté, aux régions du Saint de tous les saints, aux régions dans lesquelles il n'y a ni femme, ni homme, ni forme diverse, mais où est une lumière persévérante et ineffable ; il n'est rien de plus sublime que ces mystères dont vous vous informez, ce sont les mystères des sept voies et de leurs quarante-neuf puissances, et aucun nom n'est plus relevé que ce nom dans lequel sont tous les noms et toutes les lumières et toutes les puissances.

Celui qui connaîtra ce nom, s'il sort du corps matériel, nulle fumée, nulles ténèbres, nul archon, nul ange, nul archange, nulle puissance ne pourra nuire à son âme ; s'il dit ce nom au feu, il s'éteindra, et aux ténèbres, elles disparaîtront, et s'il le dit aux démons et aux satellites des ténèbres extérieures, et aux archons, et aux puissances des ténèbres, tous périront, pour que leur flamme brûle et qu'ils s'écrient:

« Tu es saint, tu es saint, Saint de tous les saints » ; et s'il dit ce nom aux satellites des châtiments rigoureux et à leurs autorités, et à toutes leurs forces, et aussi à Barbelo et au dieu invisible ; et les trois dieux des triples puissances, aussitôt qu'ils auront dit ce nom dans leurs régions, ils tomberont tous les uns sur les autres, afin qu'étant détruits ils périssent, et qu'ils s'écrient: « Lumière de toute lumière qui es dans les lumières infinies, souviens-toi de nous et purifie-nous. »

Lorsque Jésus eut parlé de la sorte, tous ses disciples poussèrent de grands cris en pleurant. (Ici une lacune de plusieurs feuillets.)

Ensuite ils la conduiront en haut dans la voie du milieu pour que chacun des archons de la voie du milieu la tourmente, lui faisant subir ses tourments pendant six autres mois et huit jours.

Et quand la sphère sera tournée, il la livrera à ses satellites pour qu'ils la jettent dans la sphère des éons et les satellites de la sphère la conduiront vers l'eau qui est dans l'intérieur de la sphère, pour que le feu bouillant la dévore jusqu'à ce qu'elle soit grandement tourmentée. Et Ialuham viendra, le suivant du Sabaoth Adamas qui donne aux âmes le calice de l'oubli ; il apportera un calice plein de l'eau de l'oubli pour le donner à cette âme, afin qu'en buvant elle oublie tous les lieux où elle est venue et toutes les régions dans lesquelles elle a passé, et pour qu'il la jette dans le corps où elle devra accomplir son temps, et elle s'affligera constamment en son cœur. » Et Marie dit: « Seigneur, l'homme persévérant dans la médisance, lorsqu'il sort de son corps, où va-t-il et quelle est sa punition ? » Et Jésus dit : « L'homme persévérant dans la médisance, lorsque son temps est accompli sur la sphère, et lorsque son âme sort de son corps, Abiuth et Carmon, suivants d'Ariel, viennent à lui et ils conduisent son âme hors de son corps et ils restent trois jours avec elle, lui enseignant les créatures du monde. Ensuite ils la conduiront dans l'enfer vers Ariel, afin qu'il la tourmente, lui laissant subir des tourments pendant onze mois et vingt et un jours. Ensuite ils la conduiront dans le chaos vers Ialdabaoth et ses quarante-neuf démons pour que chacun de ces derniers passe en elle onze mois et vingt et un jours, lui faisant subir le martyre de la fumée. Ensuite ils la conduiront hors de ces fleuves de fumée et la mèneront vers des lacs de feu bouillant pour la tourmenter durant onze mois et vingt et un jours. Et ensuite ils la conduiront de nouveau dans la voie du milieu pour que chaque archon dans la voie du milieu la tourmente, lui faisant subir ses tourments pendant onze autres mois et vingt et un jours.

« Ensuite ils la conduiront au temple de la lumière, où s'effectue la séparation des justes et des pécheurs, afin qu'elle soit triée.

« Et quand la sphère est tournée, ils la livrent à ses satellites pour qu'ils la jettent dans la sphère des éons. Et les satellites de la sphère la conduisent vers l'eau qui est dans l'intérieur de la sphère, afin que la fumée bouillante la dévore et qu'elle soit grandement tourmentée. Et Ialuham, le suivant de Sabaoth Adamas, portant le calice de l'oubli, le donnera à cette âme, afin qu'en buvant elle oublie tous les lieux et toutes les choses et toutes les régions qu'elle a traversés. Tel est le châtiment de l'homme médisant. »

Et Marie dit : « Malheur, malheur aux pécheurs. » Et Salomé dit: « Seigneur Jésus, un meurtrier, qui n'a jamais commis aucun péché si ce n'est cet homicide, lorsque son âme sort de son corps, quel est son châtiment ? » Et Jésus répondit: « Quand un meurtrier, qui n'a commis d'autre péché que cet homicide, quitte son corps parce que son temps sur la sphère est accompli, les satellites de Ialdabaoth vont droit vers lui, pour que, conduisant son âme hors de son corps, ils la lient par les pieds à un grand démon à forme de cheval, afin que pendant trois jours il tourne avec elle dans le monde. Ensuite ils la conduiront dans des lieux remplis de gelée et de neige, pour qu'elle y reste trois ans et six mois. Ensuite ils la conduiront dans le chaos vers Ialdabaoth avec ses quarante-neuf démons, pour que chacun de ces démons la tourmente durant trois ans et six mois. Ensuite ils la conduiront dans le chaos vers Proserpine[17] pour qu'elle la tourmente, lui faisant subir ses supplices pendant trois autres années et six mois. Ensuite ils la feront monter dans la voie du milieu, et chacun des archons la tourmentera, lui faisant subir les supplices de ses régions pendant trois autres années et six mois. Ensuite ils la conduiront à la vierge de la lumière, là où se fait la séparation des justes et des pécheurs, afin qu'elle y soit triée. Et quand la sphère sera tournée, elle sera jetée dans les ténèbres extérieures jusqu'au temps où les ténèbres du milieu étant enlevées, elle sera dissoute. C'est le supplice du meurtrier. »

Et Pierre dit: « Seigneur, tu as répondu aux questions des femmes ; nous voudrions aussi te faire des demandes. » Et Jésus dit à Marie et aux femmes: « Donnez votre place à vos frères, afin qu'ils fassent à leur tour des questions. »

Et Pierre, répondant à Jésus, dit: « Seigneur, un voleur qui persévère dans son péché, s'il sort de son corps, quel est son châtiment ? » Jésus dit: « Lorsque le temps de cet homme sur la sphère sera accompli, les suivants d'Adonis venant à lui, ils conduiront son âme hors de son corps, pour qu'ils parcourent le monde avec elle durant trois jours, lui enseignant les créatures du monde. Ensuite ils la conduiront dans l'enfer vers Ariel, pour la tourmenter, en lui faisant subir leurs supplices pendant trois mois et huit jours et deux heures. Ensuite ils la conduiront dans le chaos vers Ialdabaoth et ses quarante-neuf démons, pour que chacun de ses démons la tourmente durant trois autres mois, huit jours et deux heures. Ensuite ils la conduiront dans la voie du milieu, pour que chacun des archons de la voie du milieu la tourmente de sa fumée obscure et de son ardeur durant trois autres mois, huit jours et deux heures. Ensuite ils la conduiront à la vierge de la lumière, là où se fait la séparation des justes et des pécheurs, afin de la séparer, et lorsque la sphère sera tournée, elle la livrera à ces satellites pour que la jetant aux éons de la sphère, ils la conduisent à l'eau qui est dans l'intérieur de la sphère, afin que sa fumée bouillante la dévore et lui fasse éprouver de grands tourments.

« Ensuite Ialuham viendra, qui est le suivant de Sabaoth Adamas, et il lui apportera le calice de l'oubli, qu'il donnera à cette âme, afin que buvant elle oublie toutes les choses qu'elle a vues et toutes les formes dans lesquelles elle est venue, et elle sera mise dans un corps boiteux, mutilé et aveugle. Tel est le châtiment de l'homme voleur. »

André, répondant à Jésus, dit: « L'homme superbe, plein d'orgueil et de mépris, s'il sort de son corps, que lui sera-t-il fait ? » Jésus répondit: « Lorsque le temps qu'il devra passer sur la sphère sera accompli, les satellites d'Ariel conduiront son âme pour que pendant trois jours ils lui fassent parcourir l'univers, lui enseignant les créatures de l'univers. Ensuite ils la conduiront dans l'enfer vers Ariel, afin qu'ils la tourmentent, lui faisant subir leurs supplices pendant vingt mois. Ensuite ils la conduiront dans le chaos vers Ialdabaoth et ses quarante-neuf démons, et chacun d'eux la tourmentera pendant vingt autres mois. Ensuite ils la conduiront dans la voie du milieu, afin que chacun des archons de la voie du milieu la tourmente pendant vingt autres mois. Ils la conduiront ensuite à la vierge de la lumière pour la séparer, et lorsque la sphère sera tournée, elle la livrera à ses satellites, afin qu'ils la jettent aux éons de la sphère. Et ils la conduiront vers l'eau qui est dans l'intérieur de la sphère, pour que sa fumée bouillante pénètre en elle jusqu'à ce qu'elle soit grandement tourmentée. Et Ialuham, le suivant de Sabaoth Adamas, venant vers elle, apportera le calice de l'eau d'oubli et le donnera à cette âme, afin qu'en en buvant elle oublie toutes les choses qu'elle a vues et toutes les formes dans lesquelles elle a été, et ils la jetteront dans un corps (quelques mots manquent dans le manuscrit), afin que chacun continue de la mépriser. Tel est le châtiment de l'homme superbe rempli d'orgueil et de mépris. »

Thomas dit : « Quel est le châtiment de l'homme qui blasphème constamment ? » Et Jésus dit : « Lorsque le temps de son séjour sur la sphère sera terminé, les satellites de Ialdabaoth venant vers lui, le lieront et l'attacheront par sa langue à un grand démon ayant la forme d'un cheval, pour qu'ils lui fassent parcourir le monde pendant trois jours en le tourmentant. Ensuite ils le conduiront dans un lieu rempli de froid et de neige, afin de l'y tourmenter pendant onze ans. Ensuite ils le conduiront dans le chaos vers Ialdabaoth et ses quarante-neuf démons, pour que chacun de ses démons le tourmente pendant onze autres années. Ensuite ils la conduiront dans les ténèbres extérieures jusqu'au jour où il sera livré au grand archon avec la figure d'un dragon qui parcourt les ténèbres, et cette âme sera laissée dans les ténèbres pour qu'elle y périsse. Tel est le châtiment du blasphémateur. »

Et Barthélemy dit: « Quelle est la peine de l'homme qui pèche contre nature ? » Et Jésus dit: « La punition de cet homme est la même que celle du blasphémateur. Lorsque le temps qu'il a à passer sur la sphère sera accompli, les satellites de Ialdabaoth, venant vers son âme, la conduiront vers lui, pour que chacun de ses quarante-neuf démons la tourmente pendant onze ans. Ensuite, ils la conduiront dans des fleuves de fumée et des lacs de poix bouillante, pleins de démons à figures de sangliers, et elle sera tourmentée dans ces fleuves pendant onze ans. Ensuite ils la mèneront dans les ténèbres extérieures jusqu'au jour du jugement, et elle sera séparée et plongée dans les ténèbres extérieures, afin d'y périr. »

Et Thomas dit: « Nous avons appris qu'il y a des hommes sur la terre qui prenant la semence d'un homme et le sang menstruel d'une femme, en font des boulettes pour les manger, en disant: Nous nous confions en Esaü et Jacob. Est-ce que c'est une œuvre permise ou non ? » Et Jésus fut en colère contre le monde en cette heure, et il dit à Thomas: « En vérité, je vous le dis, nul péché et nulle faute ne peut surpasser ce péché, et ceux qui le commettent seront conduits dans les ténèbres extérieures ; et ils ne seront point ramenés dans la sphère, mais ils seront détenus pour qu'ils périssent dans les ténèbres extérieures, dans un lieu où il n'y a ni miséricorde, ni lumière, mais rien que les pleurs et les grincements de dents. Et toutes les âmes qui seront conduites dans les ténèbres extérieures ne seront point relâchées, mais elles périront. »

Et Jean répondit: « L'homme qui n'a jamais commis de péché, mais qui a toujours agi saintement, s'il n'a pas trouvé les mystères, lorsqu'il quittera son corps, qu'est-ce qui lui sera fait ? » Jésus dit: « Lorsque le temps de cet homme sur la sphère sera accompli, les suivants de Bainchôôôch, qui est un des trois pouvoirs divins, viendront prendre son âme et ils la conduiront dans la joie et l'allégresse, parcourant le monde avec elle pendant trois jours pour lui enseigner dans la joie et l'allégresse les créatures du monde. Ensuite, ils la conduiront dans l'enfer pour lui montrer les supplices qu'il y a dans l'enfer, et ils ne les lui feront pas souffrir, mais seulement ils les montreront. Et la vapeur de la flamme des tourments l'arrêtera un peu. Ensuite ils la porteront dans la voie du milieu pour lui montrer les tourments de la voie du milieu, la vapeur de la flamme l'arrêtant un peu. Ensuite ils la conduiront à la vierge de la lumière, et elle sera là placée devant le petit

Sabaoth, le bon, appartenant au milieu, jusqu'à ce que la sphère soit tournée, pour que Zeus et Aphrodite viennent dans l'aspect de la vierge de la lumière ; Cronos et Arès viennent après elle. Et l'âme de ce juste sera livrée aux satellites de Sabaoth, afin qu'ils la jettent aux éons de la sphère pour qu'ils la conduisent vers l'eau qui est dans l'intérieur de la sphère, afin que sa fumée bouillante pénètre jusqu'à elle et la consume et lui fasse souffrir de grands tourments. Et Ialuham, le suivant de Sabaoth Adamas, qui donne aux âmes le calice de l'oubli, viendra alors, et apportant l'eau de l'oubli, il la donnera à cette âme pour qu'elle oublie toutes les choses qu'elle a vues et toutes les formes dans lesquelles elle est entrée. Et ensuite, le suivant du petit Sabaoth, le bon, apportera un vase plein de science et de sagesse, et dans lequel est l'affliction. Il le donnera à cette âme, afin qu'ils la jettent dans le corps où elle ne pourra dormir, mais où elle pourra oublier, à cause du breuvage d'affliction qui lui sera donné, et son cœur sera purifié, afin de chercher les mystères de la lumière jusqu'à ce qu'elle les trouve, selon l'ordre de la vierge de la lumière, afin qu'elle entre en possession de la lumière éternelle. »

Et Marie dit: « Un homme qui a commis un péché quelconque ou une faute quelconque, et ne trouvant pas les mystères de la lumière, sera-t-il soumis à ces supplices à la fois ? » Et Jésus dit: « Il les subira. S'il a commis trois péchés, il subira trois châtiments. »

Et Jean dit: « Un homme qui a commis tous les péchés et toutes les fautes, si à la fin il trouve les mystères de la lumière, peut-il être sauvé ? » Jésus dit: « Celui qui a commis tous les péchés et toutes les fautes, s'il trouve les mystères de la lumière, sera absous et ses péchés lui seront remis, et il deviendra possesseur des trésors de la lumière. »

Et Jésus dit à ses disciples : « Lorsque la sphère sera

tournée, de façon que Cronos et Arès viennent après la vierge de la lumière et que Zeus et Aphrodite viennent à l'aspect de la vierge, tournant dans leurs orbites, ce sera son heure de joie, voyant ces deux étoiles de lumière devant elle, et toutes les âmes qu'elle peuplera dans le cercle des sphères des éons à cette heure pour qu'elles sortent dans le monde, seront bonnes et justes, et elles deviendront les mystères de la lumière jusqu'à ce qu'elles soient envoyées une autre fois pour découvrir les mystères de la lumière. Si Arès et Cronos viennent dans l'aspect de la vierge, laissant Jupiter et Aphrodite derrière elle, pour qu'elle ne les aperçoive pas, toutes les âmes que cette heure jettera dans les créatures de la sphère seront perverses et sujettes à la colère, et ne découvriront pas les mystères de la lumière. » Et quand Jésus eut parlé de la sorte à ses disciples au milieu de l'enfer, ils s'écrièrent en pleurant: « Malheur, malheur aux pécheurs sur lesquels pèsent l'indifférence et l'oubli des archons, jusqu'à ce qu'ils sortent des corps pour subir ces tourments. Aie pitié de nous, aie pitié de nous, fils du saint, aie pitié de nous, pour que nous soyons préservés de ces châtiments et des supplices réservés aux pécheurs ; aie pitié de nous, quoique nous ayons commis des péchés, notre Seigneur et notre lumière. »

Fin du livre de la Fidèle Sagesse.

Abbé Jean-Paul Migne, Dictionnaire des Apocryphes, Encyclopédie théologique, Tome 23, 1856.

---

1. Προβολαί dans le sens d'émission, procréation.
2. Le mois de tobé correspond du 20 décembre au 18 janvier. C'est le Thébet des Hébreux.
3. Le baptême du Sauveur était, chez les gnostiques, le sujet d'idées étranges et parfois peu claires. D'après eux, l'Être suprême ayant

pris la résolution die racheter le genre humain, envoya sa première intelligence, le Nous, se réunir à Jésus par le baptême du Jourdain.

4. Nous prenons le parti de transcrire ici la version latine que donne M. Schwartze des lignes qui suivent ; nous avons en vain essayé de les rendre d'une manière suffisamment intelligible . «*Et accepistis vestrum meros e vi quam inflavit in kerasmon ultimus parastates quae mixta cum aoratois omnibus et archousin omnibus apax aplos est mixta cum kosmô perniciei, qui est kerasmos ; hanc eduxi a me ab initio, intuli inprimum pracep-tum, et primum praeceptum intulît meros ejus un magnum lumen, et magnum lumen intulit meros in eo quod accepit in quinque parastatès, et ultimus para-statés accepit meros in eo, quod accepit, intulit in kerasmon, et factum est in his omnibus quae sunt in kerasmô, secudum (kata) modum, quem jam dixi vobis.* »

5. Nous suivons l'exemple qu'a donné M. Dulaurier, dans sa traduc-tion d'un fragment de la Pistis sophia: nous conservons ce mot parce qu'il ne répond pas exactement au sens de l'expression grecque εἱμαρμένη. destin, fatalité.

6. *Haud invenient quidquam veri sed (alla) petiurbabuntur in magna perturba-tione, atque erunt in magna plané, et errabunt in magno errore, quoniam faci-nora, quae fecerunt hoc tempore in suis quatuor angulis conversae in sinistram , in quibus permanserant facientes ea conversœ in sinistram, mutavi nunc, et red-didi eas sex menses facientes tua sehimala omnia conversae in dextram, ut per-turbarentur perturbatione in sua complectione, atque etiam reddidi eas sex menses conversas in sinistram facientes facinora suorum apolelesmatôn suo-rumque schématon omnium, ut in perturbatione perturbarentur, atque in plané planôsin archontes qui subt! in aiôein et in sua sphaira et in suis cœlis, et in suis topois omnibus, ut ne noôsi suam viam ipsi.*

7. Nous donnons la suite de ce passage, laissant à de plus habiles que nous la tâche d'en donner une traduction intelligible : « *Et hylên faecis (aut erroris) eorum archontes omnes aiônôn et archontes heimarménés et sphairas circumdedere, ut devorarent eam, et haud sciverunt ire, ut fierent psy-chai in kosmo, dévorarunt igitur illorum hylén, ut ne fierent impotentes (se. me) atonosin, atque vis sua cessaret in iis et regnum suum dissolveretur ; sed devora-runt eam ut ne dissolverentur, sed (alla) morarentur, ut facerent longum tempus (i. e. moram) huic perfectioni! arithmou psychôn teleion quae erunt in thesaurô luminis. Factum igitur est, cum archontes aïonôn et heimarmenas et sphairas perseverarent facientes hunc typon, converieutes semet, edentes faecem ; (aut erro-rem) suae hylés, haud sinentes fieri psychen in kosmô hominuin, ut diutius essent reges (aut regnarent) et ut essent longum tempus extra hunc locum vires, quae sunt vires ex ipsis, quas aedem sunt psychai. Haec igitur perseverarunt flacientes cyclois duobus permanentes.* »

8. *Eorum conversionem aut eorum intuitum mutavi in aliam taxin, et reddidi eos etiam sex mensos iuntuentes in facinora suorum apotelrsmatôn in suis quatuor angulis dextris, et in suis tribus angulis, nec non iis, quae sunt e regione illorum, et in suis, ocio schemasin, et perturbavi eos in magna perturbatione, et feci eos planân in plané archontas aionôn atque archontas omnes heimarmenas et sphai-*

ras, et perturbavi eos maxime, et haud potuerunt igitur inde ab hac hora converti ad faecem (aut errorem) suae hylès, ut devorarent eam, nimirum ut sui topoi diutius perseverarent, atque ut magnum tempus regnarent.

9. Nous prenons le parti de transcrire ici quelques lignés du travail de M. Schwarze, désespérant de les rendre d'une façon lucide : *« Facturo igitur est, cura permaneret hymneuousa luci, quae in altitudine, archontes omnnes adspexerunt coram magnis duobus trydinamois et ejus aoratô conjuncto cum illa, et viginti duobus probolais aoratois epeide pistis sophia ejusgue syn-zygos istae atque aliae viginti duœ probolai reddiderunt viginti quatuor probolai quas proebale magnus propatôr aoratos et magni duo tridynamoi »*
10. Les Émanations procèdent par des syzygies composées chacune de deux Intelligences d'un sexe différent. Peut-être pris ici dans le sens de « lieu » de naissance et aussi procréateur (syzygos).
11. *Deus, serva me, nam aquae venerunt intra usque ad meam psychén. Infixus sum aut immersus sum in cœnum abyssi, neque erat mihi vis. Veni in profunda thalassés ; procella devoravit me, dolui clamans, guttur meum abiit ; oculi mei defecerunt, ponente me cor meum in Deo. Plures sunt quam capilli mei capitis hi, qui oderunt me sine causa. Invaluerunt mei hostes diôcontes me injuria. Quae haud rapui iis, petierunt a me. Deus, tu novisti meam insipientiam, et mea peccata haud celata sunt te. Ne afflciunto pudore propter me hypomenontes te, Domine, Deus Israelis, Deus virium propter te sustinui irrisionem ; pudor obtexit meam faciem. Factus sum peregrinus meis fratribus, peregrinus filiis meae matris ; quod fervor tui devoravit me. Ludibria irridentiu mihi ceciderunt in me. .Flexi meam psychén in nesteia, facta mihi est in irrisionem. Indui saccum, factus sum iis parabole ; sustulerunt vocem suam (cavillantes) in me sedentes in pylais, et epsallon in me bibentes vinum. Ego de precabar in mea psyché sursum ad te, Domine ; tempus tuae voluntatis est Deus. In copia misericordiae tuae audi in meam salutem in veritate, libera me ab hoc luto, nam infixus sum in eo. Liberabor ab his, qui oderunt me, et a profunditate aquarum. Ne procella aquae devorato me ; ne abyssus devorato me ; ne puteus teneto os suum in me. Audi me, Domine, si chreston est tua misericordia ; kata copiam tuae misericordiae intuere in me ; ne averte faciem tuam a tuo servo, quod thlibomai. Audi me cito. Pone cor tuum in meam psychén ut redimas eam. Serva me propter meos inimicos. Tu gar novisti meam irrisionem et meum pudorem et meam afllictionem. Thlibontes me omîtes coram te ; cor meum exspectat irrisionem et talaiporian. Exspectavi lypoumenon mecum, haud invexi eum, et consolantem me, haud reperi eum. Dederunt amarum in meum cibum ; potionarum me aceto in mea siti. Eorum trapeza esto coram iis insidiae et laqueus atque retributio, atque skandalon. Flectas eorum dorsum omni tempore. Funde super eos tuam orgén atque ira tuae orges prehendito eos. Fiat eorum habitaculum desertum, ne sit incola in eorum habitaculis ; nam quem epalaxas, ediôkon. Addiderunt super dolorem suam amaritudinem, addiderunt anomian super suas anomias. Neve intranto in tuam dikaiosynên. Exstinguuntor a libro viventium, neve inscribuntor cum dikaiois. Ego pauper, faciens (patiens) quoque dolorem, salus tuae faciei suscepit me ad se. Praedicabo nomen Dei in ode et exaltabo eum in praedicatione. Pla-*

cebit Deo magis quam juvenca, projicietis cornu et ungulas. Vidento pauperes, ut eiphrantôsi. Quaerite Deum ,vestrae psychai vivent, quod Deus audivit pauperes, neque contemsit datos in vinculum aeneum. Cœli et terra praedicabunto Dominum, thalassa et quae in ea omnia ; quod Deus servabit Sionem et aedificabuntur poleis Judaeae, ut habitent ibi, ut klêronomesosin eam, Sperma ejus servorum tenebit eam, et diligentes ejus nomen habitabunt in ea. »

12. *Super vestes pelliceas.* La Genèse rapporte que le Créateur revêtit Adam et Eve d'une tunique de peau. Cette tunique, selon les Gnostiques, c'est le corps qui enveloppe l'âme.

13. On voit ainsi que les mille années du règne de Jésus correspondent à 365 millions d'années ordinaires. Les idées répandues parmi les Gnostiques sur les années de lumière rappellent ce qu'avancent les Brahmanes au sujet des quatre âges et de la réduction des années divines en années humaines. Les quatre âges sont de 4,800, 3,600, 2,400 et 1,200 années divines formant 4,320,000 années humaines. Cette période se nomme âge des dieux, ou Mahayouga. La somme de 71 de ces périodes augmentées d'un satya (1,728,000 ans) forme un Manwaatara (308,448,000 ans). Quatorze Mamwaataras précédés également d'un satya, donnent un total de 4,320,000,000 ans, et c'est la durée d'un Calpa, ou d'un Jour de Brabmà. D'ailleurs la chronologie mythique des nations de l'Orient et des sectes qui s'y sont multipliées, offre des développements qu'il serait difficile de suivre ; chaque siècle a son système et le présente bizarrement enflé de chiffres arbitraires.

14. M. Schwartze met *condemnationibus* avec un point d'interrogation ; ne faut-il pas lire *cogitationibus* ?

15. Ces idées astrologiques étaient fort répandues dans l'Orient. Un livre sacré des anciens Perses, dont la rédaction n'est peut-être pas fort éloignée de nous, mais qui du moins expose de bien antiques traditions, le Desatir, nomme des rois-prophètes, distingués chacun par le culte spécial d'une planète, Kaionaris ou Ghilscach adorateur de Saturne ; Siamek, de Jupiter ; Houscheng de Mars ; Deschemschid de Vénus ; Feridoun de Mercure.

    Dans ses notions sur les planètes, l'auteur du livre qui nous occupe mêle les doctrines de l'ancienne religion de l'Egypte ; des démons ou dicton étaient subordonnés aux douze grands dieux, selon les douze signes du zodiaque ; des démons toujours plus nombreux et plus subalternes suivaient les décans, de sorte qu'il finissait par s'en trouver un pour chaque degré du grand cercle zodiacal et pour chaque jour de l'année qu'ils représentent. Aux douze grands dieux du ciel étaient immédiatement soumises les étoiles, partagées en quatre troupes principales, selon les quatre régions du monde, et divisées en deux ordres plus au moins élevés. »

16. Joan. iv. L'épisode de la Samaritaine avait d'ailleurs frappé les Gnostiques, et ils ne manquaient pas de lui donner une interprétation bien plus relevée à leurs yeux que le sens naturel des paroles de l'Evangile. Héraclius, un des plus célèbres disciples de Valentin,

voyait dans la Samaritaine, non pas une simple femme d'un sent droit et pieux, membre de la race de lumière, une pneumatique y qui devint sous sa plume le type et le représentant des rapports de la sympathie et de l'extrême intelligence de tous les pneumatiques avec le Sauveur. Lorsqu'elle demande à Jésus-Christ de celle eau qui désaltère à jamais, qui la dispense de venir en puiser d'autre à la fontaine de Jacob, elle lui exprime le désir d'être délivrée des embarras du judaïsme ; lorsque Jésus-Christ l'engage à écouter son époux, il entend par cet époux son ange, son syzygos, dans le monde des intelligences ; c'est avec cette céleste moitié qu'elle doit venir au Sauveur, afin de lui demander la communication de la foi ce nécessaire pour s'unir avec une moitié plus parfaite qu'elle. De même que l'eau est le symbole de la vie humaine, la cruche qui sert à la recevoir est le symbole des dispositions de la Samaritaine pour participer à cette vie. (MATTER, Hist, du Gnosticisme, t. II, p. 117.)

17. Περσεφόνην. Nom de cette divinité du paganisme, épouse de Pluton et reine des Enfers.

Cover Design : FVE
ISBN Ebook : 979-10-299-1191-0
ISBN Livre broché : 979-10-299-1192-7
ISBN Livre relié : 979-10-299-1193-4

Également Disponible

www.ingramcontent.com/pod-product-compliance
Lightning Source LLC
LaVergne TN
LVHW101915190826
846094LV00001B/10

9791029911934